PANTHÉIA

ÉTUDE ANTIQUE

PAR

FÉLIX HENNEGUY

PARIS

LIBRAIRIE DES BIBLIOPHILES

Rue Saint-Honoré, 338

—

M DCCC LXXIV

PANTHÉIA

PANTHÉIA

ÉTUDE ANTIQUE

PAR

FÉLIX HENNEGUY

PARIS

LIBRAIRIE DES BIBLIOPHILES

Rue Saint-Honoré, 338

—

M DCCC LXXIV

A DANIEL STERN

PANTHÉIA

Ἕρμιππος δέ φησι Πάνθειάν τινα Ἀκραγαντίνην
ἀπηλπισμένην ὑπὸ τῶν ἰατρῶν θεραπεῦσαι
αὐτὸν καὶ διὰ τοῦτο τὴν θυσίαν ἐπιτελεῖν.

DIOGÈNE DE LAERTE, *Vie d'Empédocle.*

(VIII, 69.)

PERSONNAGES.

Empédocle.

Hasdrubal, petit-fils de Magon, Carthaginois.

Pisianax, de Syracuse,
Pausanias, de Géla, médecin, } amis et disciples d'Empédocle.
Gorgias, de Léontium, orateur,

Théoclès,
Lacon, } citoyens d'Agrigente.
Lysandre,

Ducète, chef sicule.

Sp. Posthumius Albus,
A. Manlius, } députés romains.
Serv. Sulpicius Camerinus,

Le proèdre du conseil d'Agrigente.

Un patre.

Premier esclave.

Deuxième esclave.

Panthéia.

Thestylis, servante thessalienne.

Peuple, promeneurs, disciples d'Empédocle, quatre porteurs nègres, conseillers d'Agrigente, soldats agrigentins, deux esclaves.

La scène est en Sicile vers l'an 451 av. J.-C., à Agrigente pour les trois premiers actes, sur l'Etna pour les deux derniers.

PANTHÉIA

ACTE PREMIER

Promenade sur la hauteur de Camica, citadelle d'Agrigente.
— A gauche, un rempart sur des rochers, au pied desquels tourne
le chemin. A droite, une descente. Au fond, la ville et la mer. Des
promeneurs traversent la scène.

SCÈNE PREMIÈRE.

THÉOCLÈS, LACON, *arrivant par la droite;*
LYSANDRE, *par la gauche.*

THÉOCLÈS.

O Lysandre, salut!

LYSANDRE.

Salut, ô Théoclès!

THÉOCLÈS.

Sais-tu bien la nouvelle?

LYSANDRE.

On dit que Périclès

S'achemine au pouvoir, que sa marche est certaine,
Et que Cimon peut seul l'égaler dans Athène.

THÉOCLÈS.

C'est possible : qu'importe? Un maître athénien
Sans doute pour l'Attique est un grave entretien,
Mais son ambition touche peu la Sicile.

LYSANDRE.

Veux-tu m'apprendre alors qu'au couchant de notre île
Des navires suspects séjournent quelquefois?
Je sais qu'il faut veiller sur les Carthaginois.

THÉOCLÈS.

Carthage se souvient de la leçon d'Himère :
Elle fait des comptoirs, non des places de guerre.

LYSANDRE.

Craindrais-tu les efforts des anciens habitants
Refoulés dans les monts? Oui, depuis quelque temps
Les Sicules, jaloux, contre nos colonies
Cherchent à rassembler leurs forces désunies.

THÉOCLÈS.

Pourquoi craindre? L'État compte des hommes sûrs.
—Mais d'où reviens-tu donc? Peux-tu seul en nos murs,
Bon Lysandre, ignorer la nouvelle récente?

LYSANDRE.

Tant de bruits chaque jour naissent dans Agrigente!
De quoi veux-tu parler?

Théoclès.

Tu connais Panthéia?

Lysandre.

Dieux! si je la connais! Parfois elle paya
D'un regard, en passant, mon trouble involontaire :
Je croyais contempler la reine de Cythère.
Hélas! cette beauté, présent vraiment divin
Que Cypris daigna faire au peuple agrigentin,
Aujourd'hui sans éclat, dans l'ombre renfermée,
Par un mal inconnu lentement consumée,
Elle se meurt. — Peut-être elle est morte?

Théoclès.

Elle vit!
Elle vit, plus brillante et de grâce et d'esprit!
C'est la grande nouvelle.

Lysandre.

Ah! tu m'en fais accroire.
J'ai passé dans sa rue hier à la nuit noire :
On la disait mourante.

Théoclès.

On disait vrai.

Lacon.

Très-vrai.
Elle expira bientôt.

Lysandre.

Jamais je ne croirai...

Lacon.

La sœur de mon voisin, à qui je m'en rapporte,
Sur la couche funèbre a vu Panthéia morte.

Lysandre.

Les morts reviennent-ils du gouffre de l'Hadès ?
Un de vous deux a tort, Lacon ou Théoclès.

Lacon.

Mais cette femme a vu, de ses yeux vu, te dis-je,
Et même de ses doigts touché.

Théoclès.

C'est un prodige.
Écoutez. — Pour témoin, moi, j'ai le médecin :
Il vaut bien, cher Lacon, la sœur de ton voisin.
Nommer Pausanias, c'est le faire connaître ;
Il naquit d'Anchitos, d'Esculape eût pu naître,
Fut nourri dans Géla : par lui bien des mortels,
Que consumaient déjà les maux les plus cruels,
Ont été détournés des bras de Perséphone.

Lysandre.

Pausanias guérit : sa science m'étonne.
Certe, il a détourné beaucoup de malheureux
Des redoutables bras qui s'ouvraient devant eux.
Mais, lorsque par la mort la proie était saisie,
L'arracha-t-il jamais pour la rendre à la vie ?

Théoclès.

Non, jamais, j'en conviens. Aussi n'est-ce pas lui

Qui prétend avoir fait le miracle aujourd'hui.
— Panthéia, qu'il soignait, dès longtemps défaillante
Sans que l'art y pût rien, hier était mourante.

LACON.

Et mourut en effet.

THÉOCLÈS.

Sans couleur et sans voix,
— Cela, c'est bien certain, — les membres roides, froids,
Déjà comme un cadavre elle était étendue.
Ses femmes, ses amis, tous la voyaient perdue.
Les sanglots et les cris emplissaient la maison.
Pausanias alors, rappelant sa raison,
De son maître chéri requiert l'aide suprême.

LYSANDRE.

Empédocle?

THÉOCLÈS.

Empédocle.

LACON.

Esculape lui-même!
Ou plutôt Apollon sous les traits d'un humain!

THÉOCLÈS.

Empédocle entre : il va droit au lit; d'une main,
Il prend le bras glacé; de l'autre main, il touche
Le cœur qui ne bat plus; il se penche, et sa bouche
Verse à la lèvre pâle un souffle bienfaisant.
Autour du maître règne un silence imposant.
Tout à coup l'œil éteint de Panthéia s'entr'ouvre.

LYSANDRE.

Dieux bons !

THÉOCLÈS.

Son corps tressaille et de rougeur se couvre,
Puis son regard s'allume ; un cri s'échappe enfin
De son sein qui s'agite, et de l'homme divin
Ses bras, se soulevant, enlacent la poitrine.

LYSANDRE.

C'est merveilleux ! Les faits sont prouvés, j'imagine ?

LACON.

La sœur de mon voisin...

THÉOCLÈS.

Si tu ne me crois pas,
Tu peux interroger ce soir Pausanias :
Je tiens tout de lui-même.

LACON.

Eh quoi ! n'as-tu pas honte,
Lysandre, de douter ? — Naguère, à Sélinonte,
La peste, infectant l'air, ravageait la cité :
Qui donc y ramena de nouveau la santé ?
Empédocle !

LYSANDRE.

Sans doute, il fit cesser l'épreuve
En amenant de loin l'eau dans le lit du fleuve.

LACON.

Tu vois donc qu'il commande à tous les éléments :
On l'appelle déjà Conjurateur des Vents.
Pour lui tout est possible. Et d'ailleurs, incrédule,
Si l'eau vient à sa voix et si le vent recule,
S'il dissipe les maux quand il va dans un lieu,
S'il fait fléchir la mort, c'est qu'Empédocle est dieu.
Je sais, par un ami venu de la contrée,
Que par l'événement Sélinonte éclairée
Reconnaît son sauveur pour un des immortels,
Et veut lui consacrer un temple et des autels.

THÉOCLÈS.

En quittant Panthéia rappelée à la vie,
Au milieu des transports d'une foule ravie
Dont les voix acclamaient l'illustre bienfaiteur,
Poëte, médecin, philosophe, orateur,
De l'État qu'il soutient la plus ferme colonne,
Empédocle, le front orné d'une couronne,
Fut jusqu'à sa demeure en triomphe porté.
— On voudrait rétablir pour lui la royauté.

LYSANDRE.

Vraiment?

THÉOCLÈS.

Le nom de roi volait de bouche en bouche.

LYSANDRE.

Rusé Carthaginois et Sicule farouche
Par un homme puissant seraient mieux contenus ;

Nous verrions de Théron les beaux temps revenus.
Empédocle, homme ou dieu, montre un mérite rare :
Le peuple a son bon sens qui rarement l'égare.

Paraissent Hasdrubal et Ducète.

THÉOCLÈS, *les apercevant.*

Voici, fort à propos, l'opulent Hasdrubal,
Qui près de Panthéia ne trouve aucun rival,
A ce que l'on prétend.

LYSANDRE.

Un homme de Carthage!

THÉOCLÈS.

Un neveu du vaincu d'Himère.

LYSANDRE.

Moi, j'enrage
Quand je vois dans nos murs le museau d'un chacal.

THÉOCLÈS.

Il vient pour le commerce.

LYSANDRE.

Il machine le mal.
Je connais ces gens-là.

LACON.

Mais qui donc l'accompagne?

THÉOCLÈS.

C'est, si je ne me trompe, un fils de la montagne.

LACON.

Sans doute : il est vêtu d'une peau de mouton.

LYSANDRE.

Le chacal et le loup! ensemble! rien de bon.

SCÈNE II.

LES MÊMES, HASDRUBAL, DUCÈTE.

THÉOCLÈS, *arrêtant Hasdrubal.*

Hasdrubal, un seul mot. Viens convaincre Lysandre.
Pour Panthéia l'on sait combien ton cœur est tendre :
Ces jours-ci tu pleurais et maudissais le sort.
Eh bien, n'est-il pas vrai qu'arrachée à la mort
Elle a soudain reçu comme une âme nouvelle,
Et n'a jamais été plus vivante, plus belle?

HASDRUBAL.

On le dit.

THÉOCLÈS.

Mais toi-même, as-tu perdu les yeux?
N'as-tu pas contemplé son front tout radieux?

HASDRUBAL.

Cette nuit retenu par un soin domestique,
Mais instruit ce matin par la rumeur publique,

Je courus aussitôt chez elle plein d'amour :
Je ne fus pas admis.,

THÉOCLÈS.

Toi ?

HASDRUBAL.

Moi. De tout le jour
Je n'ai pu lui parler : c'est la vérité pure.

THÉOCLÈS.

Quoi ! tu ne l'as pas vue ? Oh ! l'étrange aventure !
— Lysandre peut douter.

LYSANDRE.

Non, mon ami, je crois,
Je suis tout convaincu.

Bas.

Quand un Carthaginois
Nie ou n'affirme pas, alors ma foi commence :
Le fait est sûr, il faut se rendre à l'évidence.

Haut.

Panthéia vit ! — Allons, faisons notre devoir :
D'Empédocle partout vantons le grand pouvoir.

> *Il entraîne Théoclès et Lacon, s'arrête quelques
> instants avec des promeneurs auxquels il parle
> vivement, et les emmène aussi.*

SCÈNE III.

HASDRUBAL, DUCÈTE.

DUCÈTE, *avec mépris.*

Quels hommes! Que de bruit pour une courtisane!

HASDRUBAL, *sévèrement.*

Le mot est dur, Ducète.

DUCÈTE, *vivement.*

Une beauté profane
Dont tout un peuple entier convoite les faveurs!
Ces Grecs sont corrompus autant que corrupteurs.
Non, ce n'est pas ainsi qu'on vit dans nos montagnes,
Où nous ne célébrons que de chastes compagnes.
Celle qui réjouit nos cœurs par son aspect,
C'est la femme à l'œil pur, qui, digne de respect,
Fière, et pourtant soumise au père de famille,
Nous garde notre honneur, sœur, mère, épouse ou fille.

HASDRUBAL, *insidieusement.*

Oui, c'est avec raison que, malgré leurs hauts faits,
Tu plains ces pauvres Grecs.

DUCÈTE, *avec rage.*

Les plaindre! Je les hais.

HASDRUBAL.

Sans doute, ils ont couvert vos côtes en Sicile
De splendides cités, où, comptés par cent mille,
Les habitants heureux ont fait de toutes parts
Surgir des monuments embellis par les arts :
Tout est marbre, or, argent; leurs anciennes patries
Pâlissent à côté des jeunes colonies.
Corinthe est belle et grande, assise sur deux mers;
Mais Syracuse forme un petit univers.
Rhodes présente aux yeux des merveilles qu'on vante :
Peut-on les comparer à l'éclat d'Agrigente?

Lui montrant la ville.

Vois ces temples, ces forts, ces maisons, ces tombeaux :
Agrigente en élève à tous, même aux chevaux.

DUCÈTE.

Les Grecs ont dispersé les cendres de nos pères.

HASDRUBAL.

Sous leurs riches lambris tous les jours sont prospères.

DUCÈTE.

L'humble foyer qui reste à notre pauvreté
Par un toit de feuillage est à peine abrité.

HASDRUBAL.

Ils moissonnent le blé dans vos plaines fertiles.

DUCÈTE.

Ils ne nous ont laissé que les rochers stériles.

HASDRUBAL.

La vigne, l'olivier, ils l'ont sur vos coteaux.

DUCÈTE.

L'herbe manque souvent à nos maigres troupeaux.

HASDRUBAL.

Un doux climat pour eux règne sur vos rivages.

DUCÈTE.

Les montagnes pour nous engendrent les orages.

HASDRUBAL.

Ils ont tout. Et pourtant, en dépit de leurs biens,
Empédocle, si cher à ses concitoyens,
Signale tristement leur secrète misère :
Ils bâtissent, dit-il, comme si sur la terre
Ils devaient toujours vivre ; ils usent du plaisir
Comme si dès demain ils devaient tous mourir.
— Cette corruption, ces mœurs que tu condamnes,
Ces hommages honteux rendus aux courtisanes,
Promettent une proie aux peuples soulevés
Qui voudront attaquer ces maîtres énervés.

DUCÈTE.

Ils vous ont, cependant, écrasés près d'Himère.

HASDRUBAL.

Que me rappelles-tu ? Le frère de mon père
Se tua pour ne point survivre à son malheur.
— Mais alors Hamilcar était envahisseur.

Alliés de Xerxès, les hommes de Carthage,
Hélas! ont eu le sort des Perses en partage.
Commune fut entre eux l'aveugle ambition,
Commune fut aussi l'humiliation :
Le jour où Thémistocle aux flots de Salamine,
Vainqueur, a du grand roi consommé la ruine,
Ce jour même Gélon et Théron réunis
Près d'Himère nous ont cruellement punis.
— Ah! celui qui combat sur sa terre natale,
Qui lutte pour ses champs où l'étranger s'installe,
Voit ses forces s'accroître, armé de son bon droit.

DUCÈTE.

Le Sicule frémit dans son repaire étroit!

HASDRUBAL.

Mon père, qui chez nous fut onze fois suffète,
Eût sauvé son pays d'une telle défaite.
Himère! ô souvenir qui pèse sur mon cœur!

DUCÈTE, *bas.*

Veux-tu venger les tiens, des Grecs être vainqueur?

HASDRUBAL.

Moi? Tu railles. — Je n'ai ni courage ni haine.
Tu vois, de Panthéia je porte aussi la chaîne.

DUCÈTE

Viens retremper ton âme au sein de nos forêts.

HASDRUBAL.

Eh! qu'y ferais-je?

DUCÈTE.

Viens! Les Sicules sont prêts.

HASDRUBAL.

A quoi donc?

DUCÈTE.

A combattre.

HASDRUBAL.

Hélas! avec leurs larmes?

DUCÈTE.

Que Carthage nous aide et nous donne des armes.

HASDRUBAL, *froidement.*

Carthage, mon ami, respecte les traités.
Tu te méprends.

DUCÈTE.

Les Grecs sont par vous détestés.

HASDRUBAL.

Carthage aime la paix, et comme elle, Ducète,
De négoce occupé, moi, je vends et j'achète.

DUCÈTE.

Vends-nous du fer.

HASDRUBAL, *apercevant Gorgias et Pausanias.*

Silence! on observe : rentrons.

En s'éloignant.

Nous parlerons du prix, et nous nous entendrons.

2

SCÈNE IV.

GORGIAS, PAUSANIAS.

GORGIAS, *observant Hasdrubal et Ducète.*

Pausanias, vois-tu ces deux hommes ensemble?

PAUSANIAS.

Oui, Gorgias : l'un d'eux est Hasdrubal, ce semble.
— Pourquoi chez Panthéià n'est-il pas à présent?

GORGIAS.

Avec ce montagnard qu'a-t-il de si pressant?

SCÈNE V.

LES MÊMES, PISIANAX.

PISIANAX, *se mettant entre eux.*

Amis, soyez heureux!

GORGIAS *et* PAUSANIAS, *lui saisissant la main.*

Pisianax!

PISIANAX.

J'arrive :
La nef qui m'amena touche à peine à la rive.

GORGIAS.

Quoi! sans nous prévenir?

PISIANAX.

Des lettres? soins perdus!

PAUSANIAS.

Au port, pour t'embrasser, nous serions descendus.

PISIANAX.

Par les frères jumeaux! je voulais vous surprendre.

PAUSANIAS.

A quelque grand bonheur j'aurais bien dû m'attendre :
Comme j'allais sortir, dans ma chambre, à l'instant,
Une vive hirondelle est entrée en chantant.

PISIANAX.

Iris, pour m'annoncer, avait pris cette forme.

PAUSANIAS.

Je le crois : de nos vœux souvent un dieu s'informe.

PISIANAX.

En vous serrant la main, je sens là, dans mon cœur,
Mes amis, pénétrer une douce chaleur.
L'amitié, c'est le nom que prend l'amour entre hommes !

PAUSANIAS.

L'amour, sans les tourments.

PISIANAX.

Sur la terre nous sommes
Pour nous aimer : aussi, poussé par ce besoin,
Comme on se sent aimé de près plus que de loin,
Heureux de m'arracher au bruit dont elle abuse,
Hier, sans plus tarder, j'ai quitté Syracuse.
Porté par un bon vent aux bords de l'Acragas,
Ce soir je vous revois, je vous presse en mes bras !
Je vous vois les premiers : mais où verrai-je l'autre,
Celui que, sans erreur, nous appelons le nôtre,
Celui qu'unit à nous un bienfaisant destin,
Notre ami le plus cher, notre Empédocle enfin?

GORGIAS.

Tu le verras ici : c'est l'heure où d'Agrigente
La population délicate, élégante,
Du haut de ces remparts regarde le soleil
Se plonger tout en feu dans l'océan vermeil.

PISIANAX.

Aussi, vers Camica, l'antique citadelle,
Je suis monté d'abord. — D'une étrange nouvelle,
Au port, en débarquant, des marins m'ont instruit :
Ils disent qu'Empédocle a, la dernière nuit,
Fait un nouveau prodige, et qu'au sein d'une femme
Son souffle de la vie a rallumé la flamme.

PAUSANIAS.

Oui, c'est vrai : devant lui la mort a dû céder.
D'Esculape l'esprit semble le posséder.

PISIANAX.

Comme toi, son disciple !

PAUSANIAS.

Hélas! mon impuissance
S'est trop fait voir, ami, dans cette circonstance :
Panthéia n'était plus, si, pour sauver ses jours,
Je n'eusse d'Empédocle invoqué le secours.
Lui seul, il sait, il peut ; mais moi, pauvre interprète,
Je ne suis qu'un écho : j'entends et je répète.
Si, Gorgias et moi, nous osons discourir,
Lui sur l'art de parler, moi sur l'art de guérir,
A qui le devons-nous ? Qu'est le rameau sans l'arbre ?
Il est le statuaire, et nous sommes le marbre.
C'est lui qui nous façonne, et, grâce à ses leçons,
Pour hommes forts auprès du peuple nous passons.
— Toi, cher Pisianax, modeste en toute chose,
Tu lui prêtes l'épaule où son front se repose ;
Sans prétendre à la gloire, heureux, tu le soutiens ;
Mais, communs entre vous, tous ses travaux sont tiens
Le maître voit en toi comme un autre lui-même.

PISIANAX.

Oh ! moi, Pausanias, je l'admire, je l'aime !
Je puis de ses travaux être le confident,
Mais c'est toute ma part : j'en suis fier, cependant,
Quand je l'entends louer, il semble qu'on me loue.
De loin comme de près, à lui je me dévoue :
Mais je me sens payé s'il s'appuie à mon bras,
Si j'écarte parfois les ronces de ses pas.

C'est parce que je lis au livre de sa vie
Que j'aime son grand cœur autant que son génie.
Lorsque dans ses discours, et surtout dans ses vers,
De tout ce qui remplit cet immense univers,
Pythagore parlant le langage d'Homère,
Il dévoile à nos yeux le sublime mystère,
Je le prends pour un dieu ; mais, quand je vois les pleurs
Qu'il verse comme nous, souffrant de nos douleurs,
Je dis : C'est un mortel ! Ô vous, dieux que j'honore,
Laissez-nous l'entourer de soins longtemps encore !

SCÈNE VI.

Les mêmes, EMPÉDOCLE, *entouré de ses disciples.*

EMPÉDOCLE, *aux disciples.*

Quatre éléments de tout sont la base et le fond,
A savoir : le feu, l'eau, la terre et l'air profond ;
Et c'est d'eux qu'en effet viennent toutes les choses
Qui furent, qui seront, et qui sont. Mais deux causes
En forment un seul être ou plusieurs tour à tour :
L'une disjoint, la haine, et l'autre unit, l'amour.

PISIANAX, *se précipitant vers Empédocle.*

Je rends grâce à l'amour qui dans tes bras me pousse !

EMPÉDOCLE, *l'embrassant.*

Mon cher Pisianax ! O surprise bien douce !

—- Ami, tu sentais donc que j'avais aujourd'hui,
Pour rester ferme et droit, besoin de ton appui?

PISIANAX.

Qui croira qu'Empédocle, avec tant de sagesse,
Puisse jamais faillir?

EMPÉDOCLE.

O commune faiblesse!
— Ces principes, d'où tous les êtres sont sortis,
Zeus brillant, Héra pure, Aïdoneus, Nestis
Qui fait sous mille aspects jaillir les pleurs de l'onde,
Sont quatre dieux puissants; mais, comme tout au monde,
Quand la discorde vient les diviser, chacun
A part reste infécond, soumis au sort commun.
— La constante amitié, telle est la grande force
Qui, de nos facultés empêchant le divorce,
Nous donne le pouvoir de supporter nos maux.

PISIANAX.

Les biens dont tu jouis te rendent sans égaux :
N'as-tu pas et richesse, et puissance, et génie?

EMPÉDOCLE.

Pisianax, tout est mélange dans la vie.
Le Destin a sous lui des ministres divers
Auxquels il nous remet, et qui, bons ou pervers,
Nous régissent ici depuis la première heure
Jusqu'à celle où, mourant, nous changeons de demeure.
Dans un ordre opposé leur empire est pareil :

L'un regarde la terre, et l'autre le soleil ;
La sereine harmonie et la lutte sanglante.
Par eux se font chez nous la part équivalente.
Beauté, laideur aussi ; promptitude et lenteur ;
Franchise aimable et fourbe à l'œil plein de noirceur ;
Vie et destruction ; torpeur et vigilance ;
Mouvement et repos ; magnifique opulence
Et misère sordide ; et silence divin
Et voix qui retentit : tout est contraste enfin.
Des liens de ce corps subissant la torture,
Ainsi nous habitons une caverne obscure,
Triste séjour, où vont errant en liberté
Dans les champs ténébreux de la fatalité
L'inimitié, le meurtre et les mauvais génies,
Les pestes, les fléaux, les noires maladies.

PISIANAX.

Mais n'as-tu pas le don de délivrer du mal,
De vaincre la mort même ?

EMPÉDOCLE, *vivement.*

Ah ! tais-toi !

A part.

Don fatal !

PISIANAX.

Tu viens, on me l'a dit, de rendre à l'existence
Une femme...

EMPÉDOCLE, *l'interrompant.*

De grâce, ô mon ami, silence !

— Qui se croit le vainqueur est souvent le vaincu.
On ne connaît son sort qu'après avoir vécu :
Sais-je bien si, pour moi, mieux ne vaudrait pas être
Le pâtre de l'Etna qui chante sous le hêtre?
— O dieux grands! O mortels faibles, infortunés,
De quels combats, de quels soupirs êtes-vous nés!

PISIANAX.

Si la chanson du pâtre excite ton envie,
Dans tes chants inspirés coule la poésie.

EMPÉDOCLE, *avec chaleur.*

La poésie! — Ami, que tu me connais bien!
Tu sais, quand je faiblis, me montrer le soutien.
— La poésie! Oh oui! voilà le don suprême
Qui toujours me relève et me rend à moi-même,
Présent divin qui seul assure ma grandeur!
— Si je puis, en créant, apaiser mon ardeur,
Si je puis au dehors répandre cette flamme
Qui me brûle au dedans et consume mon âme,
C'est que tu me souris, ô Phœbos Apollon!

PISIANAX, *lui montrant le soleil qui se couche
dans la mer.*

Vois : le dieu resplendit là-bas à l'horizon.

EMPÉDOCLE, *tourné vers le soleil.*

Sous tes derniers rayons, ô soleil, tout s'embrase :
Les colonnes debout semblent des jets de feu;

L'homme élève vers toi, qui le tiens en extase,
    L'offrande de son vœu.

O toi qui dans les flots de la mer empourprée
A nos yeux éblouis plonges ton disque d'or,
Dans la voûte d'azur par l'aurore éclairée,
    Soleil, reviens encor!

> *Panthéia arrive par la gauche, dans une litière*
> *portée par des nègres. Thestylis l'accompagne.*
> *Empédocle continue sans la voir.*

Quand tu quittes le ciel, la terre reste veuve,
Et dans un voile noir la nature s'endort,
Comme un cœur refroidi qui, sans que rien l'émeuve.
    S'abandonne à la mort.

SCÈNE VII.

LES MÊMES, PANTHÉIA, THESTYLIS,
QUATRE PORTEURS NÈGRES.

PANTHÉIA, *descendant de sa litière.*

Empédocle, le cœur refroidi que tu touches,
La mort ne le prend pas : me voici.

EMPÉDOCLE, *en proie à une vive émotion.*

                        Dieux farouches!

PAUSANIAS.

Panthéia!

EMPÉDOCLE.

Les pervers ministres du Destin
Seront-ils les plus forts?

PISIANAX, *le serrant dans ses bras.*

C'est un démon malin
Qui trouble ton esprit?

EMPÉDOCLE.

Oh! cette femme!

PAUSANIAS.

Maître,
Celle que tu sauvas!

EMPÉDOCLE.

Qui me perdra peut-être!

PAUSANIAS.

Que dis-tu?

PANTHÉIA, *bas.*

Tu le vois, Thestylis, dans son cœur
Je parais n'éveiller qu'un sentiment d'horreur.

THESTYLIS, *de même.*

Tu le feras tomber à tes pieds.

PANTHÉIA, *de même.*

Quel empire
Puis-je exercer sur lui?

THESTYLIS, *de même.*

La beauté charme, attire,
Séduit le plus rebelle et dompte sa fierté.

PANTHÉIA, *haut.*

Empédocle, pourquoi te montrer irrité?

EMPÉDOCLE.

La mort te saisissait de sa main qui foudroie,
L'Hadès s'ouvrait déjà pour recevoir sa proie,
Et bientôt de ce corps, si parfait et si beau,
Il n'allait plus rester que la cendre au tombeau :
Esculape, que dis-je? Apollon, que j'adore,
Secourable, a voulu que tu visses encore
Cette lumière pure et douce à l'œil humain;
Et toi, femme, en prenant tout d'abord ce chemin,
Tu témoignes ici de ton ingratitude.

PANTHÉIA, *douloureusement.*

Ingrate! moi! — Porté par toi, le coup est rude.

EMPÉDOCLE.

Avec ces colliers d'or, ces tissus transparents,
Qui provoquent de loin les regards impudents,
Et ces noirs Libyens qui, portant ta litière,
Te donnent en spectacle à notre ville entière,
Que viens-tu faire ici?

PANTHÉIA.

Je te cherchais.

EMPÉDOCLE.

Pourquoi?
— Réponds.

PANTHÉIA.

Je te voulais rendre grâces.

EMPÉDOCLE, *troublé.*

A moi?

Mais c'est aux dieux, aux dieux que tu dois rendre grâces !
Ne l'as-tu pas compris? Les âmes les plus basses
N'oseraient pas enfreindre un tel devoir pieux.
Tu devais avant tout aller offrir aux dieux
Le sacrifice auquel ta guérison t'oblige.

PANTHÉIA.

Pour l'offrir avec moi, toi l'auteur du prodige,
Tu m'accompagneras.

EMPÉDOCLE, *à part.*

Avec elle! ô tourment!

Haut.

Les dieux, il est trop vrai, m'ont pris pour instrument
Dans un but que j'ignore : à leur munificence,
Pour l'honneur qu'ils m'ont fait, je dois reconnaissance.
Mais, avec mes amis, sans toi, de mon côté,
J'irai m'humilier devant leur majesté.

PANTHÉIA.

Non, c'est ta main qui doit me présenter au temple.

EMPÉDOCLE.

Jamais.

PANTHÉIA, *d'un ton suppliant.*

Tu viendras?

EMPÉDOCLE.

Non.

PANTHÉIA.

              O remarquable exemple
D'étrange aveuglement, d'orgueil, de dureté!
Tu dis que tu feras de ton humilité
L'offrande aux dieux puissants, et pourtant tu refuses
D'accomplir avec moi l'acte que tu m'accuses
D'avoir trop différé! Pour donner plus d'éclat
A ma reconnaissance, hélas! mon cœur ingrat
— Tu l'as dit, Empédocle! — aurait voulu te prendre
Pour témoin de ces vœux que les dieux vont entendre,
Unissant aux gardiens des éternelles lois
Mon sauveur, — car tu l'es, et plus que tu ne crois.
Toi présent, j'espérais que d'un œil plus propice
Le dieu qui te sourit verrait mon sacrifice.
Mais tu ne viendras pas! Ton front olympien
Rougirait de paraître au temple près du mien.
Les dieux m'ont fait de toi recevoir l'existence,
Mais qu'importe! Entre nous il est une distance
Qu'il me sera toujours interdit de franchir.
Ce que les dieux ont fait, ce fut pour te grandir;
Et, manifeste objet de la faveur divine,

Semblable au mont Etna dont la cime domine
L'humble coteau perdu dans les vastes forêts,
Tu ne peux de si haut entendre mes souhaits.
Aigle altier, vers les cieux élève-toi superbe :
Reptile méprisé, je ramperai dans l'herbe.
Eh quoi! j'ai pu penser paraître à ton côté!
Il est temps de rentrer dans mon indignité.
— Écoute, cependant. Jamais, quoi que tu fasses,
Tu ne pourras si bien marquer à part nos places
Que ton sort avec moi n'ait plus rien de commun.
Je pèserai sur toi, souvenir importun.
Tu ne peux plus me fuir : quelle que soit ta force,
Comme à l'arbre s'applique et s'adapte l'écorce,
Ma faiblesse t'embrasse! Attachée à tes pas,
Je te suivrai partout, même après le trépas.
Si les dieux t'ont élu pour prolonger ma vie,
Pour combler ta grandeur c'est moi qu'ils ont choisie;
Et ton dernier prodige, immutable lien,
Désormais à ton nom joindra toujours le mien.

EMPÉDOCLE, *bas, à Pisianax, sur lequel il s'appuie.*

Tu vois, Pisianax, que devant la sirène
J'ai besoin qu'aujourd'hui ton aide me maintienne.

SCÈNE VIII.

Les mêmes, THÉOCLÈS, LACON, LYSANDRE, Peuple.

THÉOCLÈS, *montrant Panthéia à la foule qui le suit.*

La voici, mes amis! La voici, la beauté
Qui, présent d'Aphrodite, orne notre cité!

LE PEUPLE.

Bonheur et longue vie à Panthéia!

LACON, *montrant Empédocle.*

Près d'elle
Voilà le bienfaiteur, domptant la mort cruelle!

LE PEUPLE.

Gloire au grand Empédocle!

LACON.

Un signe de sa main
Dissipe tous les maux; partout, sur son chemin,
Il répand la santé, l'abondance et la joie.
Panthéia de l'Hadès était déjà la proie :
Du funèbre sommeil c'est lui qui l'éveilla.

THÉOCLÈS.

Que le nom d'Empédocle au nom de Panthéia
Soit à jamais uni!

Le Peuple.

Qu'on les honore ensemble !

Panthéia, *à Empédocle.*

Tu les entends ?

Empédocle, *à part.*

Malheur ! contre moi tout s'assemble !

Lysandre.

Celui qui vainc la mort vaincra les ennemis :
Qu'en ses puissantes mains le sceptre soit remis !
L'État, n'en doutons pas, du déclin suit la pente :
Que, pour notre salut, il soit roi d'Agrigente !

Lacon.

Oui, qu'il règne sur nous !

Le Peuple.

Qu'Empédocle soit roi !

Empédocle.

Citoyens, que sur vous règne toujours la loi !

FIN DU PREMIER ACTE.

ACTE DEUXIÈME

Une chambre dans la maison de Panthéia.—Fenêtre à gauche, porte à droite. Au fond, porte donnant sur le péristyle. Siéges, meubles antiques. Au premier plan, à gauche, un siége, une table, sur laquelle brûle une lampe; à droite, un trépied, une autre table.

SCÈNE PREMIÈRE.

PANTHÉIA, *assise à gauche;* THESTYLIS, *debout près d'elle.*

PANTHÉIA.

Avec quelle rigueur le cruel m'a traitée!

THESTYLIS.

Son âme était émue encor plus qu'irritée.

PANTHÉIA.

Ma beauté, rehaussée, excitait son courroux.

THESTYLIS.

D'autres pouvaient la voir : il en était jaloux.

PANTHÉIA.

C'est pour lui, pour lui seul, que je l'avais parée.

THESTYLIS.

Ses yeux, bien qu'éblouis, l'ont assez admirée.

PANTHÉIA.

Hélas! d'ingratitude il m'accusait pourtant.

THESTYLIS.

La piété lui vint en aide à cet instant.

PANTHÉIA.

Il veut que loin de lui j'offre mon sacrifice.

THESTYLIS.

Il craint qu'à ton contact sa force ne faiblisse.

PANTHÉIA.

Lui! mais rien ne ferait fléchir sa volonté!

THESTYLIS.

Dans tes bras il perdrait bientôt sa liberté.

PANTHÉIA.

Non, Thestylis; en vain ta tendresse m'abuse.
Si, contraire à mes vœux, Empédocle refuse
De me conduire au temple, óù mon ardent amour,
Par le peuple applaudi, paraîtrait au grand jour,
C'est qu'il méprise en moi la vile créature.
Je ne connais que trop cette fière nature.
Irrésistible à tous, l'attrait de ma beauté
Demeure sans pouvoir sur tant de pureté.

THESTYLIS.

Ce langage est dicté par ton impatience :
Ton pouvoir de lui-même, au fond, a conscience.
— Pur, impur, mots humains ! problème que résout
L'éternelle harmonie émanant du grand tout.
La beauté, qui rayonne, est partout souveraine.

PANTHÉIA.

Il me résiste, lui !

THESTYLIS.

Cette rigueur hautaine
Fondra comme la neige au souffle du Notos
Quand sa seule vertu soutiendra ce héros.
— Ses amis, l'entourant, lui prêtaient assistance ;
Il s'appuyait sur eux : de là sa résistance.
Ton trouble t'empêchait d'observer comme moi.
— Fais en sorte qu'il vienne ici, seul devant toi.

PANTHÉIA.

Mais, lorsqu'il me repousse et qu'en face il m'outrage,
Puis-je espérer qu'il cède à mon simple message ?

THESTYLIS.

Ton message sans doute en serait repoussé :
Par un pouvoir occulte il faut qu'il soit forcé.

PANTHÉIA.

Quel pouvoir, Thestylis?

THESTYLIS.

Tu sais où je suis née :

A leurs filles toujours les femmes du Pénée
De Médée ont transmis les grands enseignements,
Et ma mère m'apprit l'art des enchantements.

PANTHÉIA, *se levant.*

Oui! hâte-toi! — Qu'il soit content : mon sacrifice,
Seule, en secret, je l'offre ici. — L'heure est propice.
Le dieu qui le protége est absent : le soleil
D'un monde qu'on ignore éclaire le réveil ;

S'approchant de la fenêtre.

Et la lune, régnant dans la nuit redoutable,
Aux amantes en pleurs se montre secourable.

Thestylis, qui est allée chercher les objets néces-
saires à l'enchantement, les dispose sur la table
près du trépied.

THESTYLIS, *continuant les préparatifs.*

Dans la cire déjà, devançant tes souhaits,
D'Empédocle mes mains ont reproduit les traits.
J'ai le philtre, liqueur avec soin combinée.
De la laine de Tyr la coupe est couronnée.
Voici l'orge, le son.

Remettant à Panthéia un fuseau d'airain.

Ce fuseau, tu le dois,
Pour l'invisible fil, tourner entre tes doigts.
J'ai fait un nœud sacré de ces trois bandelettes.
Selon les rites saints toutes choses sont prêtes.

PANTHÉIA, *se tournant vers la lune.*

Hécate, c'est à toi que j'adresse mes vœux!
Sombre divinité, quand tu marches vers eux
A travers les tombeaux des morts, toute sanglante,
Les chiens mêmes, fuyant, sont frappés d'épouvante :
Terrible Hécate, moi, je te salue! Oh! viens,
Et que les pas de l'homme aimé suivent les tiens!

THESTYLIS, *soufflant le feu sur le trépied.*

Sous mon souffle le feu dans le brasier s'allume.

Elle y jette une poignée d'orge.

L'orge que j'y répands rougit et se consume.

PANTHÉIA, *s'approchant du feu.*

Que d'Empédocle ainsi se consume le cœur!

THESTYLIS, *lui tendant la figurine qui représente
Empédocle.*

Livre son simulacre à l'élément vainqueur.

PANTHÉIA, *jetant la figurine dans le brasier.*

Ainsi que cette cire, en ton honneur, Hécate,
Fond dans la flamme, ainsi fonde son âme ingrate
Dans les feux de l'amour!

Elle fait tourner le fuseau dans ses doigts.

Et comme cet airain
Tourne rapidement, agité par ma main,

D'un vertige pareil frappé par Aphrodite,
Puisse-t-il à mon seuil s'élancer aussi vite !

THESTYLIS, *prenant le vase qui contient le son.*

Sur le feu maintenant je répandrai le son.

PANTHÉIA.

Dans l'Hadès, — ce nom seul fait courir le frisson !—
Artémis, rends pour moi Rhadamanthe sensible,
Et quiconque à mes vœux resterait inflexible !

THESTYLIS, *prêtant l'oreille.*

J'entends les chiens hurler dans la ville : à pas sourds
Hécate vient, faisant sa ronde aux carrefours.
— Que le vase d'airain tout de suite résonne !

Elle frappe à trois reprises sur un vase. Silence.

PANTHÉIA, *près de la fenêtre.*

Ni la déesse, hélas ! ni lui ! non, non ! personne !
— La mer se tait, les vents se taisent : ma douleur
Seule ne se tait pas au dedans de mon cœur !

Revenant au milieu de la scène.

Malheureuse, pour lui je brûle tout entière !
Pour lui qui fait ma honte !—Ah ! que cette âme altière
Connaisse de l'amour les désirs et les maux !
Divinités des airs, et des champs, et des eaux,
Et du feu souterrain, forces de la nature,
Pour l'enlacer ici, toutes je vous conjure.

THESTYLIS, *lui tendant la coupe et l'aiguière*
qui contient le philtre.

Poursuis jusqu'à la fin les invocations :
Nul ne peut résister aux trois libations.

PANTHÉIA, *remplissant la coupe.*

Conduit, poussé par toi, qu'il vienne en ma demeure,
O déesse! Qu'il vienne! et qu'il vienne à cette heure!
Je t'offre cette coupe et ces philtres puissants :
Trois fois je la remplis, trois fois je les répands,
Et trois fois je t'invoque,

Elle vide la coupe sur le brasier qui s'enflamme.

Hécate secourable!

Elle remplit de nouveau la coupe et la vide encore.

Hécate vénérable!

De même.

Hécate redoutable!

On entend frapper à la porte.

THESTYLIS.

Écoute! on a frappé.

PANTHÉIA, *vivement.*

Qu'on ouvre! presse! cours!

Thestylis sort.

Ces esclaves trop lents font attendre toujours.

Rappelant.

Ah! Thestylis, reviens!

Thestylis rentre.

Fais d'abord disparaître
Ces vases, ce fuseau, cette coupe : peut-être
Croirait-il ne céder qu'aux dieux qui l'ont conduit.

*Thestylis emporte, par la droite, les objets qui
ont servi à l'enchantement. Panthéia court à
la fenêtre et la ferme d'un épais rideau.*

Hécate, voile-toi! Rends obscure la nuit.

*Elle se précipite vers la porte du fond : Hasdrubal
paraît.*

SCÈNE II.

PANTHÉIA, HASDRUBAL.

PANTHÉIA, *poussant un cri.*

Ah! Hasdrubal!

Elle va tomber sur un siége, à gauche.

HASDRUBAL.

Jamais je n'ai vu de la sorte
Avec empressement ouvrir pour moi ta porte.
Est-ce un présage heureux? Dois-je croire vraiment

Qu'en ma faveur chez toi s'est fait un changement ?
A cette porte, hélas ! à plus d'une reprise
Aujourd'hui j'ai frappé : ce fut vaine entreprise.
Sans espoir j'y frappais encor : plus que le jour
La nuit est favorable à mon constant amour.

PANTHÉIA, froidement.

On ne t'attendait pas, Hasdrubal.

HASDRUBAL, avec amertume.

C'est un autre

Alors qu'on attendait ! — Quel esprit est le nôtre !
Toujours prêt à nourrir la folle illusion !
— J'aurais dû le penser, car la déception
M'a sans cesse accueilli sur ton seuil, et j'ignore
Comment j'ai la vertu d'y revenir encore.
On m'a de mon bonheur souvent félicité :
Hélas ! si l'on savait comment tu m'as traité !
Mais non, j'ai dévoré la sanglante ironie.
— J'ai doublement souffert pendant ta maladie,
Car, seul, de ta langueur j'ai surpris le secret.
Ce mal mystérieux, que chacun exécrait,
M'était connu : ton cœur, rebelle à mes hommages,
D'un amour renfermé subissait les ravages.
— Ah ! loin de ton chevet l'autre nuit retenu,
J'aurai livré la place au mortel bienvenu
Qui, t'enivrant enfin de son âme ravie,
T'aura fait dans ses yeux boire à longs traits la vie.

PANTHÉIA, à part.

O dieux !

Hasdrubal, *la regardant avec attention.*

Mais un nuage est encor sur ton front.
De la coupe aurais-tu déjà vidé le fond ?
— Ah! si, dans ton espoir amèrement déçue,
De ton erreur enfin tu t'étais aperçue ;
Si des songes enfuis la triste vanité
Pouvait te ramener à la réalité ;
Si ton cœur, Panthéia, de jouissance avide,
Reconnaissant combien l'amour vulgaire est vide,
Voulait m'apprécier, ah! je saurais, crois-moi,
Mettre à tes pieds de reine un vrai trésor de roi !

Panthéia, *avec mépris.*

Pour être riche, as-tu pouvoir de me complaire?
Tu peux me gorger d'or? Mais je n'en ai que faire!
Va, je suis au plus digne et non au plus offrant.
Qu'entends-tu par amour vulgaire, vil marchand
Qui te crois aux comptoirs de Tyr ou d'Hadrumète?
Suis-je donc un ballot de pourpre qu'on achète?
Avec tous tes trésors tu me tentes en vain.
Toi, tu parles d'aimer? Vends ton huile et ton vin.

Hasdrubal.

Oh! cruelle! — Mon cœur bondit dans ma poitrine !
— Oh! frappe-moi plutôt de ta main assassine!
La lionne du moins, aux forêts de l'Atlas,
Égorge le taureau, mais ne l'avilit pas.
— Ah! mes soins assidus, ma longue patience,
Méritaient de ta part une autre récompense.

Tu laisses librement éclater ton mépris
Alors que je voudrais, ne trouvant d'autre prix
Digne de ton amour qu'un royal diadème,
Avec moi t'élever à la royauté même.

PANTHÉIA, *ironiquement.*

L'île de Calatha sans doute veut un roi?

HASDRUBAL.

Écoute : j'ai déjà trop parlé devant toi
Pour te cacher encor l'ambition secrète,
Les grands projets, l'espoir de mon âme inquiète.
Je me confie à toi : comment t'assurer mieux
De mon amour, ardent autant que sérieux?
— La beauté n'a qu'un temps et la jeunesse passe,
L'ivresse est fugitive et le plaisir nous lasse;
Vainement entassé, l'or lui-même n'est rien :
Dominer, c'est le but; s'enrichir, le moyen.
Quand tu charmes les cœurs, quelle est ta jouissance,
Si ce n'est de sentir qu'ils sont en ta puissance?
C'est que le bien suprême, en tout, c'est le pouvoir.
Être maître, accomplir aussitôt que vouloir,
Faire qu'à nos désirs chaque chose se plie,
Soumettre tout à soi, cela seul est la vie;
Et, malgré ses labeurs, le pouvoir souverain
Rapproche trop des dieux pour jamais sembler vain.
— Panthéia, ce n'est pas sur une île inféconde
Que tu peux avec moi régner, c'est sur un monde.
Au roc de Calatha lance tes traits mortels!
Mes États s'étendront de Tingis aux autels

Des Philènes, que dis-je? au plus lointain rivage
Où vont, dominateurs, les vaisseaux de Carthage.
Carthage et son empire immense, en maître, en roi,
Voilà ce que je veux partager avec toi.
— Diverses factions déchirent ma patrie :
Des suffètes élus la puissance amoindrie
Ne peut y mettre fin; car, pour les écraser,
Il faut un bras unique, un bras libre d'oser.
De mon aïeul Magon, seule, l'illustre race
Est en droit de prétendre à la première place.
Mais les fils d'Hamilcar ont recueilli pour eux
Du malheur paternel l'héritage onéreux.
Hasdrubal, au contraire, était mort en Sardaigne
Couvert de gloire, et, si jamais un homme règne,
Cet homme sera moi, son fils. En ma faveur
Travaille un grand parti qui demande un sauveur.
On m'appelle, on m'attend. Mais j'ai des adversaires
A combattre, et je veux, au lieu de mercenaires,
Leur opposer des cœurs intrépides et sûrs.
Je n'abandonne rien à des destins obscurs.
J'avance lentement : mais je veux à Carthage
Faire un présent royal qui pour toujours l'engage ;
Et bientôt... Il suffit. — Ce don qui doit au roi
Concilier les cœurs, ô Panthéia, c'est toi !

PANTHÉIA, *se levant avec indignation.*

Moi! que j'aille fouler un sol souillé de crimes!
Mais mon pied glisserait dans le sang des victimes,
Êtres nés de la femme immolés à vos dieux!
Car tu voudrais leur plaire, à ces monstres hideux.

Vos léopards sont-ils moins cruels que naguère,
Quand ils furent domptés par les vainqueurs d'Himère?

HASDRUBAL, *à part.*

Encore Himère!

PANTHÉIA.

Ont-ils jusqu'ici respecté,
Ces barbares sans foi, la clause du traité
Qui leur interdisait des coutumes atroces?
Moi! que j'aille régner sur des bêtes féroces!
Que, cessant d'être Grecque et reniant nos mœurs,
Des dévots de Moloch j'aille gagner les cœurs!
Choisis, pour les charmer, quelque Phénicienne
Qui savoure l'odeur du sang, comme une hyène.

HASDRUBAL.

Athènè, pour s'asseoir au trône d'Élissa,
Quitterait l'Acropole et viendrait à Byrsa!

SCÈNE III.

LES MÊMES, EMPÉDOCLE.

PANTHÉIA, *l'apercevant.*

C'est lui! lui-même! enfin!

HASDRUBAL.

Empédocle!

PANTHÉIA, *à part.*

O déesse,
Hécate, je te loue en mon cœur plein d'ivresse !

HASDRUBAL.

Rien ne m'étonne plus, hélas ! — Heureux le sort
De l'homme aimé des dieux qui commande à la mort !

EMPÉDOCLE.

Hasdrubal, je te donne un avis salutaire.
Il règne autour de toi je ne sais quel mystère
Qui de nos magistrats éveille le soupçon.
D'exilés de Carthage on dit qu'en ta maison
S'est tenu l'autre nuit un conciliabule ;
Et l'on t'a vu ce soir avec un chef sicule,
Qui, venu ce matin, est déjà reparti.
Tu dois savoir combien ce peuple assujetti
Supporte mal le joug qui pèse sur sa tête :
A combattre les Grecs on prétend qu'il s'apprête.
L'État veille : prends garde ! avec les mécontents
Tes rapports deviendraient pour le moins imprudents.

HASDRUBAL.

Empédocle, merci : ton conseil est d'un sage,
Et j'en profiterai. — Qu'à des gens de Carthage,
Moi, j'ouvre ma maison, étant Carthaginois,
C'est agir en ami, sans offenser vos lois.
Quant à ces montagnards à l'âme si perverse,
J'entretiens avec eux des rapports de commerce.

Avec une intention marquée.

Pour l'huile, pour le vin ils ont certain penchant :
Panthéia le sait bien, je suis un vil marchand.
— Quoi qu'il en soit, il faut que je me justifie
Auprès des magistrats, et je te remercie.

Il sort. Long silence.

SCÈNE IV.

PANTHÉIA, EMPÉDOCLE.

PANTHÉIA, *avec impatience.*

L'intérêt d'Hasdrubal t'amène-t-il ici ?
A cette heure, chez moi, n'as-tu d'autre souci ?

EMPÉDOCLE, *embarrassé.*

Ce soir, je t'ai traitée avec peu de justice.

PANTHÉIA, *vivement.*

Viens-tu fixer l'instant de notre sacrifice ?

EMPÉDOCLE.

Non. — Je viens déclarer que, trop tiède à mes yeux,
Tu n'étais pas pourtant ingrate envers les dieux.

PANTHÉIA.

Reconnaître une erreur, c'est de la grandeur d'âme,

La tienne toutefois n'était pour une femme
Qu'un tort qui se pardonne : injuste à ton insu,
Ton reproche avec calme aurait été reçu.
Si même j'avais eu l'entière certitude
Qu'en accusant ainsi mon cœur d'ingratitude
Tu pensais moins aux dieux qu'à toi, dans ton erreur
J'aurais, malgré le coup, trouvé quelque douceur.

 EMPÉDOCLE.

Suis-je impie ?

PANTHÉIA.

Ah ! tu feins de ne pas me comprendre !
Mais je lis dans ton cœur, tu ne peux te défendre.
Non, je ne doute plus. Ma présence en des lieux
Où se rend chaque soir un peuple fastueux,
Que la beauté séduit et dont j'étais l'idole,
T'a fait croire que, vaine, oublieuse et frivole,
Reprenant tout d'abord les anciens errements,
Je venais y chercher des applaudissements,
Au lieu d'aller t'offrir, à toi qui m'as sauvée,
L'hommage, qui t'est dû, d'une âme captivée.

EMPÉDOCLE.

Va, tu ne me dois rien.

PANTHÉIA.

Je te dois tout, du jour
Où, te voyant, j'ai su ce qu'est vraiment l'amour.
Ah ! ce n'est pas d'hier qu'a commencé ma dette !
Émotions, transports, désirs, douleur muette,

4

Abattement mortel au terme parvenu,
Et résurrection, par toi j'ai tout connu.
Maître suprême, avant de me donner la vie
Tu m'as donné la mort. — Ah! si tu m'as guérie
En me touchant du doigt, c'est que depuis longtemps
J'aspirais au toucher qui m'a rendu les sens!
Si ton souffle a suffi, vivifiante haleine,
Pour ramener le sang épuisé dans ma veine,
C'est qu'en toi dès longtemps mon souffle avait passé,
Et tout mon être alors vers toi s'est élancé!
— Mais cette passion terrible, inassouvie,
Par des moyens de mort m'a révélé la vie.
Jusque-là, du plaisir suivant le vague attrait,
J'avais de l'existence ignoré le secret.
Dans le temple d'Érix j'avais été conduite
Toute jeune; et, vouée au culte d'Aphrodite,
Qui m'avait, disait-on, comblée aveuglément
Pour que de ses autels je fusse l'ornement,
Je vivais pour l'amour, sans pourtant le connaître.
Je ne recherchais pas pourquoi j'avais pu naître :
J'imitais la colombe, à qui chaque matin,
Sous les myrtes sacrés, j'apportais l'eau, le grain;
Je servais la déesse, et mon cœur était vide.
— Te souviens-tu du jour où, courant en Élide,
Dans les champs de l'Alphée aux rivages fleuris,
Tes rapides chevaux remportèrent le prix?
Tous les Grecs de la mer, des montagnes, des plaines,
Tous ceux qui sous le ciel portent le nom d'Hellènes,
Accourus de partout, selon l'usage ancien,
Pour célébrer les jeux de Zeus Olympien,

De ton nom glorieux subissant le prestige,
Te saluaient de cris qui donnaient le vertige,
Et, pour te regarder, oubliant jusqu'aux jeux,
Debout, tous à la fois, fixaient sur toi les yeux.
T'en souviens-tu, dis-moi? — Dans la foule perdue,
J'étais là : je te vis. Je sentis à ta vue
Un flot brûlant monter à mon cœur, qui, trop plein,
Comme un cratère ardent débordait en mon sein.
Ah! je me sentis femme, et j'aimai!

EMPÉDOCLE.

Cette flamme,
Une divinité la souffla dans ton âme.

PANTHÉIA.

Oui, celle qui soumet les dieux et les mortels,
Et dont j'ai, pour toi seul, déserté les autels.
— Loin du révélateur je ne pouvais plus vivre :
Aux bords de l'Acragas je revins pour te suivre.
Te voir et respirer l'air que tu respirais,
C'était mon seul bonheur, mais je le savourais.
Tes succès m'exaltaient; et, quand tes tragédies
Étaient par Agrigente au théâtre applaudies,
Avec toi m'élevant aux demeures des dieux,
Je croyais habiter l'Olympe radieux :
Tes vers, qui m'enivraient de forte poésie,
Me semblaient le nectar, la divine ambroisie.
— Mais, pour me faire aimer, j'avais l'ambition
De captiver aussi ton admiration;
Et de tous les moyens, hélas! je pris le pire.

Comme toi j'essayai d'exercer mon empire.
Retenant mon aveu, sur l'attrait j'ai compté.
J'ai voulu fasciner, régner par la beauté,
Et, pour te conquérir, subjuguer Agrigente.

 EMPÉDOCLE.

Je restai libre.

PANTHÉIA.

　　　Hélas! ton âme indifférente,
Lorsque d'un peuple épris je recevais l'accueil,
A trop cruellement châtié mon orgueil!
Ce cortége empressé d'adorateurs profanes
Me mettait à tes yeux au rang des courtisanes.
A peine tu daignas me jeter un regard
Jusqu'au jour où tu vins, par pitié, de ton art
M'apporter le secours. Aveuglement funeste!
J'en ai souffert jusqu'à mourir. — Tu sais le reste.

EMPÉDOCLE.

Tu succombas, en proie à la déception,
Parce que pour l'amour tu pris l'ambition.

PANTHÉIA.

Je t'aimais, et croyais de toi me rendre digne
En m'entourant aussi d'une splendeur insigne.
Mais, dominant sur tous, je te gardais la foi
Jurée au fond du cœur, je n'aspirais qu'à toi.
— Ah! vois, j'ai dépouillé l'orgueil qui m'a perdue
Depuis que, sur le lit de douleur étendue,

Sans vie, à ton contact j'ai soudain tressailli,
Depuis qu'un sang nouveau dans ma veine a jailli.
Confessant une erreur que j'ai trop expiée,
Je renais pour l'amour, par toi purifiée.
Mon passé disparaît devant mon avenir.
Ah! l'aveu qu'autrefois j'ai voulu retenir,
Humble, je te le fais : ô mon sauveur, dispose
De ma nouvelle vie ainsi que de ta chose!
Va, mon front n'aura plus de rayons que les tiens!
Empédocle, je t'aime!

EMPÉDOCLE, ébranlé.

O dieux!

PANTHÉIA.

Je t'appartiens!

EMPÉDOCLE.

Tes accents, Panthéia, sont ceux d'une sirène :
Mon cœur flotte incertain de l'amour à la haine.

PANTHÉIA, avec force.

Si tu n'aimes, hais donc, mais ne méprise pas.

EMPÉDOCLE.

Qui? toi? te mépriser?

PANTHÉIA.

Tantôt tu me traitas

Comme un être avili dont l'approche est impure,

Comme si ma présence était une souillure
Pour le temple où tu dois sacrifier aux dieux !
D'un ton dur, irrité, tu repoussas mes vœux.
— Oui, de tous les mortels tu surpasses la foule !
Oui, c'est un flot divin qui de tes lèvres coule !
Crains l'orgueil, cependant ! Égarant mon amour,
Il me mit dans la tombe : il peut te perdre un jour.

EMPÉDOCLE.

Ah ! que je crains plutôt ta force et ma faiblesse !
Et comme tu le sens, au fond, enchanteresse !
— Je ne puis me défendre, et tu lis dans mon cœur :
Toi-même, tu l'as dit. Contre un charme vainqueur
Je me débats en vain. Je veux fuir ta présence,
Et je viens te trouver. Je suis comme en démence
Depuis l'heure où ton œil, fixe, éteint, a lancé
L'éclair inattendu dont le mien fut blessé.
Quand je vis dans tes yeux cette lueur divine,
Qui maintenant encor me trouble et me fascine,
Alors qu'en toi tout feu semblait anéanti,
Qui pourrait exprimer ce que j'ai ressenti ?
De ton éclat subit ébloui, de moi-même
Effrayé, confondu de la faveur suprême
Que me faisaient les dieux, enlacé dans tes bras,
Je sentais dans mon cœur d'indicibles combats.

PANTHÉIA.

Quand la divinité dont je fus la prêtresse,
Aphrodite, Cypris, elle-même nous presse,
Nous devons succomber. — Cède ! Pourquoi lutter ?

EMPÉDOCLE.

Au pouvoir de Cypris qui pourrait résister?
Ah! par elle entraîné dans l'immense harmonie,
Dans l'évolution de la Sphère infinie,
Je veux me ressaisir et m'agite éperdu,
Dans l'être universel chétif individu.
En m'imposant le joug de l'amour indomptable,
Hélas! de tout son poids la nature m'accable!
Aphrodite m'étreint et m'ôte la raison!
Je vois s'évanouir devant moi l'horizon,
Je ne sais où je vais, au sort fatal je cède,
Je ne m'appartiens plus : l'amour seul me possède.
— Oui, Panthéia, je t'aime!

PANTHÉIA, *l'entourant de ses bras.*

Ah! comme tu tardais!
Tu me l'as fait enfin, l'aveu que j'attendais!
— De toutes mes douleurs le souvenir s'envole!
Mon être est pénétré de ta douce parole!
— Tu m'aimes? Ah! répète encor!

EMPÉDOCLE, *avec passion.*

Je suis à toi!

PANTHÉIA, *avec inquiétude.*

Tu m'aimes maintenant; mais... quand tu seras roi,
M'aimeras-tu toujours?

EMPÉDOCLE.

O Panthéia, je t'aime!
Que tes bras enlacés soient mon seul diadème!

Panthéia, *timidement.*

Et... dans notre bonheur oublîrons-nous les dieux?

Empédocle.

Demain, quand le soleil, dans la route des cieux,
Ramènera son char précédé par l'aurore,
Rendant grâces aux dieux qui t'ont fait vivre encore,
Pour te conduire au temple, ici je te prendrai.

Panthéia, *avec impatience.*

O nuit déserte, aveugle !

Empédocle, *s'arrachant de ses bras.*

A l'aube je viendrai.

Il sort.

SCÈNE V.

PANTHÉIA, *puis* THESTYLIS.

Panthéia, *appelant.*

Thestylis !

Thestylis entre. Panthéia rayonnante :

Ah ! dis-moi : par Empédocle aimée,
Ne suis-je pas plus belle, et vraiment ranimée?

FIN DU DEUXIÈME ACTE.

ACTE TROISIÈME

Péristyle dans la maison d'Empédocle. — A droite et à gauche, portes d'appartements. Au fond de la cour, entourée d'une colonnade, porte de la rue. Des siéges.

SCÈNE PREMIÈRE.

PAUSANIAS, PISIANAX.

PAUSANIAS.

Je ne puis m'expliquer un pareil changement.
Empédocle, hier soir, refusait durement
D'assister Panthéia pour l'offrande sacrée ;
On eût dit qu'il fuyait sa présence exécrée.
Et pourtant, ce matin, aux premières lueurs,
Tous deux vêtus de blanc et couronnés de fleurs,
Entraînant sur leurs pas la foule admiratrice,
Ensemble ils ont offert un double sacrifice,
Au temple d'Esculape, au temple d'Apollon.
Leurs deux noms acclamés ne semblaient qu'un seul nom :
Mais, cette fois, aux cris qui l'irritaient la veille
Empédocle prêtait complaisamment l'oreille ;
Et Panthéia, dans tout l'éclat de sa beauté,
Près de lui, regardait le peuple avec fierté.

PISIANAX.

Ce changement, sans doute, a de quoi nous surprendre;
Mais Empédocle est sage, et nous devons attendre
Qu'il nous ouvre son cœur. Si vite radouci,
Ce n'est pas sans motifs qu'il s'est conduit ainsi.

PAUSANIAS.

Ah! si quelque malheur lui vient de cette femme,
C'est sur moi tout d'abord qu'en tombera le blâme.

PISIANAX.

Comment?

PAUSANIAS.

      C'est moi qui l'ai mandé dans la maison
De celle qui peut-être a troublé sa raison.

PISIANAX.

Quelle pensée!

PAUSANIAS.

      Elle a peut-être usé d'un charme.
Que sais-je? Malgré moi mon amitié s'alarme.
— Près d'elle, dans le temple, il semblait fasciné,
Pour ne pas dire, hélas! soumis et dominé.
En voyant aujourd'hui son étrange conduite,
Je ne puis m'empêcher d'en redouter la suite.
Lui-même avait hier un noir pressentiment,
Et nous fûmes témoins de son égarement.

PISIANAX.

Mais, dans ses actions, il fut toujours son maître.

Pausanias.

Il n'a pas su du moins, ce matin, le paraître.

Pisianax.

N'allons pas le juger sur des indices vains.

Pausanias.

Je ne le juge pas : je constate, et je crains.

SCÈNE II.

Les mêmes, EMPÉDOCLE.

Empédocle.

O mes amis! mon cœur, qui bondit d'allégresse,
Dans le vôtre a besoin d'épancher son ivresse.
— La nature pour moi prend un aspect nouveau :
Je vois dans l'univers s'épanouir le beau,
J'entends les voix des dieux et des divins ancêtres,
J'entre en communion avec les autres êtres;
Tout me paraît s'unir dans un immense amour;
La nuit a ses splendeurs aussi bien que le jour.
— Hier je m'agitais, rongé d'inquiétude :
Aujourd'hui du bonheur je sens la plénitude.
Par la vie attristé, si je renais joyeux,
Ah! c'est que Panthéia m'a dessillé les yeux!

PAUSANIAS.

Ami, cette lumière, et si vive et si prompte,
M'étonne, je l'avoue.

EMPÉDOCLE.

           Oui, j'en conviens sans honte,
Je fus d'abord saisi d'une vaine terreur.
— Est-ce un démon jaloux qui m'entourait d'erreur?—
Mais je suis revenu de mon premier délire.
J'ai dû de la beauté reconnaître l'empire.
Panthéia m'aimait : moi, si dur à son égard,
Je n'ai pu résister au feu de son regard.
Feu puissant, éternel! La divine Aphrodite
En fit les yeux où brille une clarté subite.
— Si quelqu'un veut marcher dans une nuit d'hiver,
Il prépare une lampe, allume le feu clair,
L'entoure des abris dont l'obstacle refrène
Le souffle repoussé du vent qui se déchaîne :
La lumière au dehors brille, et de tous côtés
Illumine le ciel de rayons indomptés.
De même en la pupille est une flamme antique :
Enfermé sous les plis d'une mince tunique,
Contre l'eau qui l'entoure abrité, défendu,
Le feu brille au dehors, en rayons épandu.
— Des yeux de Panthéia, que l'amour illumine,
J'ai vu jaillir ce feu de céleste origine.

PAUSANIAS.

Tu nous avais bien dit que la haine et l'amour
Vont, dans le cours du temps, dominant tour à tour.

EMPÉDOCLE.

Oui, tous deux existaient, existent, et, je pense,
Existeront toujours dans la durée immense :
De leur succession viennent les changements
Qui ne cessent jamais. Si, hors des éléments,
Égale à chacun d'eux est la haine néfaste,
L'amour, qui les pénètre, autant qu'eux tous est vaste.
C'est l'esprit qui le voit, et non l'œil étonné.
Dans les membres mortels on croit qu'il est inné ;
Par lui l'on se chérit, au concours l'on s'invite,
En l'appelant des noms de joie et d'Aphrodite :
Aucun homme ne sait qu'il circule dans tout.
— Moi, je le sais : il mit ma résistance à bout. —
Les êtres qu'à s'unir l'affinité dispose,
S'aimant entre eux, ont tous Aphrodite pour cause :
Cypris donna la forme à ce qui fut d'abord,
De tout ce qui subsiste elle maintient l'accord.
— Je l'enseignais naguère en ma froide science :
D'aujourd'hui seulement j'en ai l'expérience ;
Le regard d'une femme en un instant m'apprit
Plus que la longue étude où s'usait mon esprit.
Ah! sans l'amour, la vie est un obscur problème !
— Que vous dirai-je enfin? J'aime, ô mes amis, j'aime !

PAUSANIAS.

Nous aussi, nous aimons, et nous n'aimons que toi.

EMPÉDOCLE, *leur prenant la main.*

Du sentiment nouveau qui s'empare de moi

Ne soyez pas jaloux : il exalte, il augmente,
Dans mon cœur élargi, l'amitié véhémente.
Non, jamais à mon cœur vous ne fûtes plus chers.
L'amour se multiplie en sentiments divers,
Qui, nés du même fonds, se nourrissent l'un l'autre.

PISIANAX.

Sois heureux : nous t'aimons, ton bonheur est le nôtre.

SCÈNE III.

LES MÊMES, HASDRUBAL.

HASDRUBAL, *humblement.*

Empédocle !

EMPÉDOCLE, *étonné.*

Chez moi que vient faire Hasdrubal ?

HASDRUBAL.

Je viens en suppliant, et non pas en rival.
Aimé de Panthéia, tu ne peux que me plaindre :
D'un homme méprisé tu ne saurais rien craindre.
Tu m'as prouvé, d'ailleurs, ta générosité :
Pour recourir à toi je n'ai pas hésité.

EMPÉDOCLE.

Que me veux-tu ?

HASDRUBAL.

Je sors du conseil, où m'accuse

Gorgias, ton ami, que l'apparence abuse.
Avec un chef sicule il m'a vu, paraît-il.

PAUSANIAS.

Comme lui, je t'ai vu.

HASDRUBAL.

        Bien simple ou bien subtil
Est celui qui conspire et que voit tout le monde !
— Cet homme est suspect, soit ! Faut-il que je réponde
De tous ceux avec qui le commerce ou le sort
En différents pays me mettent en rapport ?
Les anciens habitants vous causent des alarmes :
Si j'en fréquente un seul, je leur fournis des armes ?
C'est faux ! je suis votre hôte et connais mon devoir.
Il faudrait une preuve, et l'on n'en peut avoir.
Mais le conseil, jugeant la mesure prudente,
Ordonne qu'aujourd'hui je sorte d'Agrigente.

EMPÉDOCLE.

Le conseil, quand il veut, expulse un étranger :
Il use de son droit, je n'y puis rien changer.

HASDRUBAL.

Tu le pourras bientôt : on doit aujourd'hui même
Confier à tes mains l'autorité suprême.

EMPÉDOCLE, *avec force.*

Erreur !

HASDRUBAL.

Le peuple entier te demande pour roi,
Et l'on vient d'en parler au conseil devant moi.

EMPÉDOCLE.

Vains propos!

HASDRUBAL.

Vois le coup qui m'atteint : je suppose
Que déjà les flatteurs y sont pour quelque chose.

EMPÉDOCLE.

Comment?

HASDRUBAL.

Pour Panthéia mes soins étaient connus :
Ils veulent près du prince être les bienvenus,
Ils m'éloignent d'ici. Reconnais là le zèle
Des gens prompts à servir la royauté nouvelle.

EMPÉDOCLE.

Si l'on me proposait ce pouvoir détesté,
Je le refuserais.

HASDRUBAL, *regardant vers le fond.*

On vient de ce côté :
C'est le bandeau royal peut-être qu'on t'apporte.

EMPÉDOCLE.

Reste donc : tu verras comment je me comporte.

SCÈNE IV.

LES MÊMES, GORGIAS, POSTHUMIUS, MANLIUS,
SULPICIUS.

GORGIAS, *à Empédocle.*

Par des vents imprévus poussés dans notre port,
Maître, ces étrangers t'ont demandé d'abord.

EMPÉDOCLE.

Les hôtes nous sont chers : c'est Zeus qui les envoie.

HASDRUBAL, *avec amertume.*

Un jour vient, cependant, qu'on les chasse avec joie.

GORGIAS, *le regardant.*

S'ils manquent aux devoirs de l'hospitalité !

EMPÉDOCLE, *sévèrement, à Hasdrubal et à Gorgias.*

Que tout mauvais présage ici soit écarté !

POSTHUMIUS.

Empédocle, on te cite en tout lieu comme un sage :
C'est pourquoi, sur ces bords, nous te rendons hommage.

EMPÉDOCLE.

Votre grave maintien parle en votre faveur :
Mais, qui que vous soyez, vous me faites honneur.

5

POSTHUMIUS.

Nous n'avons jamais eu pour coutume de taire
Nos noms, notre pays : sans craindre de déplaire
Tu peux interroger. — J'ai nom Posthumius.

MANLIUS.

Moi, je suis Manlius.

SULPICIUS.

Et moi, Sulpicius.

POSTHUMIUS.

Rome est notre patrie.

HASDRUBAL.

Obscure et pauvre ville,
Je sais, en Italie.

A Empédocle.

Eh ! oui, rustique asile
De simples laboureurs, avec qui sans fierté,
Du temps de mon aïeul, nous fîmes un traité.

POSTHUMIUS.

L'obscurité toujours précède la lumière.
Plaise aux dieux que longtemps la pauvreté première,
Conservant nos vertus, demeure parmi nous !

A Hasdrubal.

Vous, des traités jurés soyez du moins jaloux.

Hasdrubal, *ironiquement.*

Rome devra donner des leçons à Carthage !

Posthumius, *froidement.*

Rome sait bien répondre à quiconque l'outrage.

Hasdrubal.

Rome impose, dit-on, aux peuples ses voisins

Posthumius.

Rome se fie aux dieux pour marquer ses confins.

' Hasdrubal.

L'œil peut les mesurer du haut d'une colline.

Posthumius.

Le Capitole est bas, mais Jupiter domine.

Empédocle.

Romains, votre langage a cette dignité
Qu'aux hommes courageux donne la liberté.

Posthumius.

Mars nous protége : il a son culte aux bords du Tibre
Qui ne craint pas la mort sait toujours être libre.

Empédocle.

Quels sont vos gouvernants ?

POSTHUMIUS.

Nous-mêmes. — Autrefois,
Groupés par Romulus, nous avons eu des rois :
Nous les avons chassés. Notre douzième lustre
S'accomplira bientôt depuis ce jour illustre.

HASDRUBAL, *à Empédocle.*

C'est alors qu'avec eux Carthage se lia.

EMPÉDOCLE, *à Posthumius.*

Du joug, auquel jadis votre front se plia,
Comment vous êtes-vous affranchis?

POSTHUMIUS.

Une femme
Nous donna le signal par sa fermeté d'âme.

EMPÉDOCLE, *vivement.*

Une femme! l'amour mit l'audace en son cœur?

POSTHUMIUS.

Le devoir. — Pour ne point survivre à son honneur,
Qu'avait souillé le fils de notre dernier maître,
Elle se poignarda, vouant aux dieux le traître ;
Et le peuple, saisi d'un généreux transport,
Brisa la royauté pour mieux venger sa mort.
Ainsi la liberté fut l'œuvre de Lucrèce.

EMPÉDOCLE.

A ce nom l'avenir tiendra bien sa promesse :

C'est un legs glorieux qui sera recueilli.
— Mais, quand votre vaisseau, par les vents assailli,
Pour chercher un refuge aborda sur nos côtes,
Sur le vaste océan, d'où veniez-vous, mes hôtes?

POSTHUMIUS.

D'Athènes. — Nous avons été choisis tous trois
Pour aller chez les Grecs étudier leurs lois,
Et celles de Solon entre toutes les autres.
Nous rapportons ces lois.

EMPÉDOCLE.

N'aviez-vous pas les vôtres?

POSTHUMIUS.

Rome, pour réformer ses institutions,
S'éclaire du savoir des autres nations :
C'est qu'avant toute chose elle met la justice.

EMPÉDOCLE.

Que votre destinée, ô Romains, s'accomplisse !
Sur les meilleures lois fondant la liberté,
Vous serez grands un jour!

POSTHUMIUS, *gravement.*

L'augure est accepté.

EMPÉDOCLE.

Soyez maîtres chez moi comme en votre demeure.

POSTHUMIUS.

Merci : vers le vaisseau nous retournons sur l'heure.
Les vents calmés pourraient changer en un instant :
Nous devons être prêts, car Rome nous attend.
— Sage, nous t'avons vu : notre âme est satisfaite.

EMPÉDOCLE.

Puissiez-vous donc jouir des biens que je souhaite!

A Pausanias et Pisianax.

Amis, conduisez-les.

A Gorgias.

Toi, reste, Gorgias.

*Les députés romains sortent, accompagnés de
Pausanias et de Pisianax.*

SCÈNE V.

EMPÉDOCLE, HASDRUBAL, GORGIAS.

HASDRUBAL.

Le temps presse, Empédocle, et tu ne réponds pas.

EMPÉDOCLE.

J'ai déjà répondu

HASDRUBAL.

Tu veux donc que je parte?

GORGIAS.

Obéis au conseil.

HASDRUBAL.

C'est à tort qu'il m'écarte.

GORGIAS.

Nous savons qu'en penser.

EMPÉDOCLE.

Je ne puis rien pour toi :
Le décret est rendu.

HASDRUBAL.

Mais tu vas être roi !

EMPÉDOCLE.

Mais je ne le suis point.

HASDRUBAL.

Eh bien ! donc, je m'éloigne.
— Je vois le sentiment que ton refus témoigne :
Tu crains que Panthéia ne m'apprécie un jour,
Et mon départ forcé rassure ton amour.
— Règne sur Agrigente en un repos facile !

A part, en sortant

Carthage régnera sur toute la Sicile !

SCÈNE VI.

EMPÉDOCLE, GORGIAS.

EMPÉDOCLE.

Gorgias, j'ai voulu te parler sans délai.
Le bruit que me rapporte Hasdrubal est-il vrai?
— Je n'y puis croire. — Il dit que le conseil lui-même
S'occupe de m'offrir — à moi! — le diadème.

GORGIAS.

Le conseil ne peut plus retenir le pouvoir :
Il cède au vœu public, qui lui fait un devoir
De rétablir pour toi la royauté déchue.
Le peuple, qui t'acclame, aspire à cette issue
Depuis que par tes soins sa fortune a changé,
Quand du pouvoir des Mille enfin fut abrogé
L'odieux privilége, et qu'à se faire entendre,
Dans un conseil élu, le pauvre put prétendre.

EMPÉDOCLE.

J'ai des Mille aboli l'injuste autorité :
Était-ce pour qu'un seul régnât dans la cité?

GORGIAS.

Depuis longtemps déjà tu règnes sur la foule :
C'est sur ta volonté que son âme se moule.

A tes lèvres le peuple attaché, suspendu,
Lorsque tu parles, croit qu'un oracle est rendu.
— Tes bienfaits tout d'abord ont fondé ta puissance :
Les cœurs te sont liés par la reconnaissance ;
Tes succès glorieux ont ensuite grandi
Ton nom, que si souvent les Grecs ont applaudi.
Tu dominais vraiment. Mais ton dernier prodige,
Tu le sais, vient encor d'accroître ton prestige ;
Et Panthéia, par toi reprise sur la mort,
Chez les Agrigentins excite un tel transport,
Que, pour mieux consacrer ta puissance suprême,
Ils veulent à ton front ceindre le diadème.

EMPÉDOCLE.

As-tu bien entendu ce qu'ont dit ces Romains ?
— Lucrèce, se tuant de ses pudiques mains,
Tua du même coup la tyrannie infâme :
La liberté chez eux fut l'œuvre d'une femme.
Au contraire, chez nous, de l'asservissement
Une femme aujourd'hui deviendrait l'instrument !
Panthéia, renaissant par miracle à la vie,
Ferait renaître aussi l'ancienne tyrannie !
Faudra-t-il donc que, par un contraste fatal,
Le mal vienne du bien, comme le bien du mal ?
Non ! — Le simple devoir inspirait seul Lucrèce,
Panthéia de l'amour connaît toute l'ivresse :
L'amour ne sera pas au-dessous du devoir,
L'amour, source du bien ! Comme elle a pu me voir
Dans Agrigente libre, ainsi Panthéia m'aime :
J'en serais méconnu, cessant d'être le même ;

Et je cesserais d'être à ses yeux un sauveur
Si l'État de ses droits me voyait ravisseur.

GORGIAS.

Mais c'est pour le salut de l'État sans défense
Que le peuple concentre en toi seul la puissance.
En Sicile les Grecs, follement endormis
Ou divisés entre eux, ont de vieux ennemis :
On a vu sur les monts des feux briller dans l'ombre,
Les Sicules partout s'assemblent en grand nombre ;
Carthage sait agir et garder son secret.
— Hasdrubal est coupable, et plus qu'il ne paraît. —
Empédocle, crois-moi : l'orage qui s'apprête,
Avant qu'il soit longtemps, fondra sur notre tête.
Si tu ne nous soutiens avec ta main de fer,
Nous serons tous bientôt rejetés à la mer.
Il s'agit du salut de toute notre race :
Toi seul peux conjurer le danger qui menace.

EMPÉDOCLE.

Un peuple est déjà mort, qui compte sur un seul :
On peut pour le cadavre apporter le linceul.
Le salut vient de tous, et non pas d'un seul homme.
— Ah ! ce n'est pas ainsi que l'on pense dans Rome !
Ces barbares si fiers, par eux-mêmes régis,
Sont meilleurs citoyens que nous, et j'en rougis.
A la cité pour base ils donnent la justice,
Et leur propre vertu soutient tout l'édifice.

SCÈNE VII.

Les mêmes, PANTHÉIA.

Empédocle, *l'apercevant.*

Ah! voici Panthéia! Près d'elle je suis sûr,
Par l'amour inspiré, de rester fort et pur.

A Gorgias.

Va, retourne au conseil. Épargne-lui la honte
De ce vote dicté par la crainte trop prompte.
Expose mes raisons, et fais-les bien valoir.
Je ne serai point roi : je ne puis le vouloir.
Va.

SCÈNE VIII.

EMPÉDOCLE, PANTHÉIA.

Panthéia, *d'un air inquiet.*

Tu refuseras l'autorité royale?

Empédocle.

Oui. Tu peux te fier à mon âme loyale.
Je t'aime, Panthéia, je t'ai donné ma foi :
Rien ne viendra jamais me séparer de toi.

PANTHÉIA, *avec amertume.*

Oh! sans doute, il faudrait que de ce trône insigne
Tu tinsses éloignée une compagne indigne.

EMPÉDOCLE.

Qui? toi? toi, Panthéia? — Sur le trône monté,
J'aurais voulu t'y faire asseoir à mon côté.

PANTHÉIA, *vivement.*

Montes-y donc alors, et tu me feras reine.

EMPÉDOCLE, *atterré.*

Quoi! je pourrais régner sans encourir ta haine!

PANTHÉIA.

Comment, roi, pourrais-tu me paraître odieux?

EMPÉDOCLE.

Lorsque tu m'as aimé, comment m'ont vu tes yeux?

PANTHÉIA.

Supérieur à tous, et roi par le génie.

EMPÉDOCLE.

Toute autre royauté serait l'ignominie.

PANTHÉIA.

Mais au front du plus grand le diadème sied!

EMPÉDOCLE.

Pour me grandir, mettrai-je un peuple sous mon pied?

PANTHÉIA.

Le peuple, en t'élevant, s'élèvera lui-même.

EMPÉDOCLE.

Qui perd la liberté tombe du rang suprême.

PANTHÉIA.

Au plus digne partout est dû le premier rang.

EMPÉDOCLE.

La dignité n'est pas dans le nom de tyran.

PANTHÉIA.

Tu ne vois que le mal qu'a fait la tyrannie.
Ne sais-tu pas qu'au bien la voie est aplanie
Quand le sage revêt le pouvoir souverain ?
Le peuple que l'on livre à lui-même sans frein
S'abandonne au hasard, comme un cheval sauvage
A travers les moissons va portant le ravage.
Mais, qu'il sente la main d'un guide ferme, adroit,
Il en suit la pensée, apprend à marcher droit,
Suivant qu'il est besoin s'excite ou se modère,
Et trace le sillon qui féconde la terre.

EMPÉDOCLE.

Les hommes ne sont pas les brutes des forêts,
Êtres que le Destin châtie en ses arrêts.
Ils ont reçu des dieux la raison, pour comprendre
Le bien, le but auquel, libres, ils doivent tendre :
C'est dans leur propre sein qu'ils portent leur flambeau.

PANTHÉIA.

Les hommes sont souvent un aveugle troupeau.
Ceux d'Agrigente, au moins, savent—et j'en suis fière!—
En te saluant roi, saluer la lumière.
Les dieux donnent les rois aux peuples pour pasteurs ;
De tout pouvoir auguste ils sont les vrais auteurs,
Et c'est d'eux que tu tiens l'étonnante puissance
Qui s'est manifestée en toi : ta résistance,
Alors qu'ils t'ont choisi, serait impiété.
Pourquoi te roidis-tu contre leur volonté?

EMPÉDOCLE, _avec effroi._

Panthéia!... Panthéia!

PANTHÉIA.

   Le don de la sagesse
Te fut fait pour guider le peuple en sa faiblesse
Aimes-tu le peuple?

EMPÉDOCLE.

Oui.

PANTHÉIA.

   Roi, fais donc son bonheur.

EMPÉDOCLE.

Citoyen, je le puis, sans perdre mon honneur.

PANTHÉIA.

Qu'a de déshonorant ce titre qu'on envie?

EMPÉDOCLE.

Ce titre en un seul jour dément toute ma vie.

PANTHÉIA.

Tu t'abuses. — Sous quel aspect t'es-tu montré
Depuis le jour fameux où je t'ai rencontré ?

Mouvement d'Empédocle.

Tu t'es montré vêtu de pourpre en toute fête,
Chaussé d'airain, portant couronne d'or en tête.

EMPÉDOCLE, *vivement.*

La couronne delphique !

PANTHÉIA.

On pouvait s'y tromper.
Le peuple, qui venait sur tes pas s'attrouper,
Dans ce signe brillant, victorieux emblème,
Voyait l'avant-coureur du royal diadème.

EMPÉDOCLE, *avec désespoir.*

Oh ! je suis donc coupable, et mon aveugle orgueil
De la honte aujourd'hui me fait toucher le seuil !

PANTHÉIA.

Les dieux, qui t'inspiraient, eux-mêmes, ô poète,
Des palmes du vainqueur ont entouré ta tête,
Pour annoncer l'éclat de ton règne, ô pasteur
D'un peuple qui t'invoque, ô maître, ô bienfaiteur !

EMPÉDOCLE.

Oui, j'ai rêvé pour moi l'autorité morale,
Sublime royauté qu'aucune autre n'égale !
Mais, plus j'ai sur le peuple un bienfaisant pouvoir,
Plus je veux lui donner l'exemple du devoir;
Car cette liberté, que j'ai toujours servie,
Par personne à l'État ne doit être ravie.

Avec douleur.

Hélas ! moi qui croyais, Panthéia, qu'en ce jour
Nos sentiments seraient confondus par l'amour !

PANTHÉIA, *avec une passion croissante.*

L'amour, ô mon sauveur ! C'est lui qui m'illumine,
Me fait voir clairement ta mission divine,
M'associe à ton œuvre, et m'enhardit pour toi,
Quand tu vas reculer devant le nom de roi.
La tâche qu'il impose est un devoir sans doute,
Mais le devoir n'est pas ce que ton cœur redoute :
Remplis-le tout entier. Un simple citoyen
De rendre heureux le peuple a-t-il donc le moyen ?
Sur le trône élevé, du bien que tu peux faire
Tu verras devant toi s'étendre encor la sphère.
Dans l'air pur, au-dessus du tourbillon humain,
Tu planeras, mais pour répandre de ta main,
Sur tous également, la céleste rosée.
— Tu me ranimas, moi ! — La patrie épuisée
Attend de toi la vie, et tu tardes encor ?
Fais sous ton règne heureux renaître l'âge d'or !

EMPÉDOCLE, *très-agité.*

Oh! ne me tente pas!

PANTHÉIA.

L'amour! Cause sublime
Qui confond tous les cœurs dans l'accord unanime,
C'est lui qui pousse un peuple à s'incarner en toi
Pour le bonheur commun; c'est lui qui te fait roi!
— Va, le trône t'attend : montes-y, si tu m'aimes!
Dans les bienfaits que, seul, jusqu'à présent tu sèmes,
Et dans la gratitude aussi, j'aurai ma part.

SCÈNE IX.

LES MÊMES, GORGIAS.

GORGIAS.

Quand je suis arrivé, maître, il était trop tard :
On venait de voter. — Le conseil, qui t'apporte
Les insignes royaux, se présente à ta porte,
Précédé du proèdre, et du peuple suivi.

EMPÉDOCLE.

Déjà!

PANTHÉIA.

Pour t'élever tout concourt à l'envi!

EMPÉDOCLE, *à part.*

Est-ce monter plus haut, ou glisser sur la pente?

6

SCÈNE X.

L<small>ES</small> <small>MÊMES</small>, LE PROÈDRE DU CONSEIL, C<small>ONSEILLERS</small>, *puis* PAUSANIAS, PISIANAX; P<small>EUPLE</small>, *au dehors. Un conseiller porte sur un coussin le bandeau royal.*

L<small>E</small> P<small>EUPLE</small>, *du dehors.*

Empédocle, salut! Salut, roi d'Agrigente!

E<small>MPÉDOCLE</small>, *à part.*

Dieux!

L<small>E</small> P<small>ROÈDRE</small> <small>DU</small> <small>CONSEIL</small>, *s'avançant.*

Empédocle, au nom du peuple agrigentin,
Qui te veut pour toujours remettre son destin,
Je t'offre le bandeau royal, le diadème,
Signe auguste et sacré d'autorité suprême.

P<small>ANTHÉIA</small>, *bas*, *à Empédocle.*

Prends-le! n'hésite pas!

E<small>MPÉDOCLE</small>.

A la mort de Méton,
Mon père, qui, d'antique et d'illustre maison,
En simple citoyen régla toute sa vie,
Jeune encore, j'ai vu poindre la tyrannie;
Mais, d'un père suivant l'exemple respecté,
J'ai voulu, comme lui, servir la liberté.

Le Proèdre du conseil.

Si tu ne la soutiens, la liberté chancelle :
Prends en main le pouvoir par intérêt pour elle.

Empédocle.

Les dieux sur l'avenir jettent un voile noir.
Qui vous dit qu'enivré par l'orgueil du pouvoir,
Sur le trône bientôt pris d'un fatal vertige,
Je ne dois pas, des droits effaçant tout vestige,
— Quand vous-mêmes aurez voulu vous désarmer, —
Charger vos bras de fers pour mieux vous opprimer,
Vous prendre vos trésors, vos enfants et vos femmes,
Dans le taureau d'airain, que rougiront les flammes,
Vous enfermer tout vifs pour jouir de vos cris?
Agrigentins, craignez un autre Phalaris !

Panthéia, *avec force.*

Tu rends la vie aux morts, et tu veux qu'on te craigne !

Mouvement.

Le Proèdre du conseil.

Tout nous dit qu'avec toi nous reverrons le règne
D'Alcamène, ou d'Alcandre, ou plutôt de Théron,
Dont les Carthaginois connaissent bien le nom.
— L'horizon est plus noir qu'à la veille d'Himère,
La tempête s'approche, et la patrie espère
Que la voix de celui qui conjure les vents
Au loin dispersera ces nuages mouvants.

EMPÉDOCLE.

Quand le flot de l'Asie inonda son rivage,
Pour seule digue Athène opposa son courage :
Un peuple, non un roi, vainquit à Marathon.

LE PROÈDRE DU CONSEIL.

Miltiade vainquit : mais, ô fils de Méton,
Souviens-toi qu'en ce jour, qu'ici tu nous allègues,
Il faillit voir son plan changé par ses collègues.

Il prend le diadème et le présente à Empédocle.

Prends donc ce diadème, et, seul maître d'agir,
Fais face au grand danger que nous voyons surgir.

EMPÉDOCLE, *ébranlé, à part.*

O dieux, inspirez-moi !

LE PEUPLE, *du dehors.*

Salut, roi d'Agrigente !
Salut, ami des dieux !

LE PROÈDRE DU CONSEIL, *s'agenouillant.*

Le peuple est dans l'attente :
Accepte le bandeau que je t'offre à genoux.

PANTHÉIA, *bas, à Empédocle.*

Accepte, ô mon sauveur !

*Empédocle fait un pas vers le proèdre, puis il
s'arrête.*

EMPÉDOCLE.

Mais, au milieu de vous,
Quand je ne serai plus, qui donc tiendra ma place ?

LE PROÈDRE DU CONSEIL.

Puissent les justes dieux perpétuer ta race !

PANTHÉIA, *bas, à Empédocle qu'elle presse.*

Je t'aime ! En acceptant, prouve-moi ton amour !

Pausanias et Pisianax sortent de la foule.

PAUSANIAS, *bas, à Pisianax.*

Panthéia le domine : il faiblit. — Triste jour !

PISIANAX, *s'approchant d'Empédocle.*

Les Romains sont partis.

Empédocle tressaille.

— « Empédocle est un homme,
Ont-ils dit en partant, digne de vivre à Rome. » —

EMPÉDOCLE, *à part.*

La dignité chez eux consiste en la vertu.

LE PEUPLE, *du dehors.*

Qu'Empédocle soit roi ! Qu'il règne !

Le Proèdre du conseil.

Acceptes-tu?
Le peuple, tu l'entends, te réclame pour maître.

Panthéia, *bas, à Empédocle, avec passion.*

Fais-moi reine!

Empédocle, absorbé dans sa pensée, se réveille tout d'un coup.

Le Proèdre du conseil.

Réponds.

Empédocle, *avec résolution.*

Non. — J'aimerais mieux être
Le dernier citoyen d'une libre cité
Que d'un peuple asservi le maître redouté.
— Je refuse. Portez au peuple ma réponse.

Panthéia, *avec rage, en se détachant d'Empédocle.*

Ah! tu ne m'aimes pas!

Agitation. Pausanias et Pisianax serrent avec joie les mains d'Empédocle. Le proèdre du conseil se relève et rend le diadème à un conseiller.

Le Peuple, *du dehors.*

Le roi! Qu'il vienne!

Le Proèdre du conseil, *à Empédocle.*

Annonce
Toi-même ton refus. Nous craignons les excès
De la foule irritée.

Empédocle, *faisant signe d'ouvrir la porte du fond.*

A tous qu'on donne accès!

Le peuple envahit la maison.

SCÈNE XI.

Les mêmes, Le Peuple, *précédé de* LYSANDRE,
LACON *et* THÉOCLÈS.

Le Peuple, *criant.*

Salut au roi!

Empédocle, *avec fermeté.*

Quel roi? Dans Agrigente libre
Je n'en connais point.

Le Peuple.

Toi!

Empédocle.

Moi? Suis-je de la fibre
Des tyrans qu'Agrigente a chassés autrefois?

— Citoyens, avec vous j'ai réformé les lois,
Effaçant du passé les traces détestables,
Mais c'était pour les rendre à jamais respectables.
Respectons-les ensemble.

LYSANDRE.

Empédocle est la loi
Que nous reconnaissons : nous ne suivrons que toi.

EMPÉDOCLE.

La loi n'est pas un homme.

LYSANDRE, *au peuple.*

Il faut qu'on le contraigne !
Nous voulons qu'il soit roi, n'est-ce pas ?

LE PEUPLE.

Oui ! Qu'il règne !

LYSANDRE, *entraînant le peuple vers Empédocle.*

Allons ! du diadème il faut ceindre son front !

EMPÉDOCLE, *avec calme.*

Vous voulez m'honorer, et me faites affront !

Tous reculent.

Agrigentins, l'exil est dur, et la patrie,
Pour moi comme pour vous, est la mère chérie.
Mais, puisque ma présence est un danger plus grand
— Pour ma patrie, hélas ! — que le flot débordant

Des Sicules poussés par le flot de Carthage,
Je lui veux de ma foi donner un dernier gage :

Avec solennité.

Je m'exile.

PANTHÉIA, *d'une voix étouffée.*

Oh !

Elle tombe évanouie sur un siége.

LACON et THÉOCLÈS, *se précipitant aux pieds d'Empédocle.*

Pardon !

LE PEUPLE, *tendant vers lui les mains.*

Reste !

EMPÉDOCLE.

Vœux superflus !
Je le jure par Zeus : vous ne me verrez plus.
L'ostracisme bannit Aristide d'Athène,
Et je m'impose, moi, la retraite lointaine.

Avec autorité.

Si vous m'aimez, aimez aussi la liberté.
Plus de roi parmi vous !

LE PEUPLE, *avec force.*

Non ! plus de royauté !

Empédocle, *inspiré.*

Je pars. Retenez bien ma parole propice :
— Que d'Empédocle absent l'esprit vous affermisse !
Vos derniers jours encor ne sont pas arrivés !
Unis, comptez sur vous, et vous serez sauvés !

Il congédie d'un geste la foule, qui se retire
lentement en levant les mains au ciel.

FIN DU TROISIÈME ACTE.

ACTE QUATRIÈME

Une clairière dans une forêt sur le flanc de l'Etna. — A gauche, au premier plan, une pierre sur laquelle on peut s'asseoir.
A droite, au dernier plan, l'entrée d'une maison d'été apparte-
nant à Pisianax. Dans le fond, le cratère du volcan en éruption.

SCÈNE PREMIÈRE.

UN PATRE, *seul.*

Dans les lumineuses clairières,
Dans les sombres halliers des bois,
Sous les chênes, sous les bruyères,
Pan, tu fais entendre ta voix :
Le bourdonnement de l'abeille,
Le chant du merle qui s'éveille,
Le cri tremblotant des chevreaux,
Le beuglement du buffle immense,
Annoncent partout ta présence,
O dieu Pan, gardien des troupeaux.

Le zéphyr aux fraîches haleines,
Les senteurs qu'épandent les lys,
Le doux murmure des fontaines
Et les baisers d'Amaryllis,

Célèbrent ton divin mystère,
Alors que, pour charmer la terre,
Tu prends ta flûte aux sept tuyaux :
C'est toi qui souris aux femelles
Et gonfles de lait leurs mamelles,
O dieu Pan, gardien des troupeaux.

Mais, hélas ! dans le pin sonore
La cigale ne chante plus.

    Des bruits souterrains se font entendre.

— Les Cyclopes, forgeant encore,
Ont-ils frappé ces coups confus ?
Polyphême, à l'âme irritée,
A-t-il encor vu Galatée
Fuir dans les profondeurs des eaux ?
— Aux feuilles dans l'antre étendues
Ramène mes brebis perdues,
O dieu Pan, gardien des troupeaux.

       Il s'éloigne.

SCÈNE II.

EMPÉDOCLE, PAUSANIAS.

Pausanias.

La terre sous nos pieds tremble par intervalles,
L'air sur nos têtes passe en brûlantes rafales,
Un flot de feu s'avance, embrasant la forêt.
O nature, comment pénétrer ton secret ?

EMPÉDOCLE:

Fils du sage Anchitos, Pausanias, écoute.
C'est un souffle divin qui dissipe le doute.
Car de moyens bornés tous les sens sont pourvus,
Et des maux trop nombreux, accidents imprévus,
Émoussent les efforts. Rapide, l'homme passe :
D'une pénible vie il voit un court espace,
Et comme la fumée il disparaît soudain.
Poussé de part ou d'autre, il peut croire certain
Cela seul qui de près à chacun se présente.
De connaître le tout, cependant, il se vante,
L'insensé! Mais ce sont choses que ne saisit
Ni l'oreille, ni l'œil des hommes, ni l'esprit.
— Toi donc, que l'amitié dans ma retraite amène,
Tu sauras ce qu'atteint l'intelligence humaine,
Rien de plus.

PAUSANIAS.

Je respecte, ami, ta volonté :
Mesure à mon esprit la part de vérité.

EMPÉDOCLE.

O vous, dieux, détournez de ma langue l'injure,
De mes discours pieux guidez la source pure!
Et toi, vierge aux bras blancs, Muse qui te souviens,
Je t'implore : d'auprès de la Piété, viens!
Conduis vers moi ton char de tes rênes légères,
Et, ce qu'il est permis aux êtres éphémères
D'entendre, j'oserai le dire. Mais les fleurs

Qu'on reçoit des mortels, et les brillants honneurs,
Ne me feront jamais dire plus qu'il n'est juste.

PAUSANIAS.

Assis sur les sommets de la sagesse auguste,
Parle avec confiance.

EMPÉDOCLE.

Eh bien, d'un œil prudent
Vois chaque fait, selon qu'il se montre évident.
Ne donne pas créance à l'ouïe, à la vue,
Plus que de leurs moyens ne permet l'étendue,
Non plus qu'aux autres sens servant à percevoir.
Retiens ta foi : mais pense, et vois comme on peut voir.
C'est la droite raison qui fait vraiment connaître,
Mais ce sont les dieux seuls qui la font apparaître.

SCÈNE III.

LES MÊMES, PISIANAX.

PISIANAX, *à Empédocle.*

Ces feux depuis trois jours me causent de l'effroi;
Ils s'approchent de nous : ami, je crains pour toi.
C'est moi qui t'amenai sur l'Etna : je m'accuse.
Descendons vers la mer, et gagnons Syracuse.

EMPÉDOCLE.

Non, cher Pisianax Ton hospitalité,

Mieux qu'à la ville, ici, de mon cœur agité,
Dans le recueillement, calme l'inquiétude.
Restons : de ces hauteurs j'aime la solitude,
Et même de ces feux j'admire la splendeur;
Ce spectacle terrible est rempli de grandeur.

PISIANAX.

Il semble que la guerre, agitant toute l'île,
Ait ébranlé l'Etna, pilier de la Sicile.

PAUSANIAS.

Qui l'eût dit, qu'un Ducète, un grossier montagnard,
Pourrait en quelques mois — ô force du hasard! —
Des membres affaiblis d'un peuple misérable
Constituer un corps vigoureux, formidable,
Élever des cités, équiper des soldats,
Et de nos Grecs vaincus resserrer les États?

PISIANAX.

Quittant Léontium, sa patrie alarmée,
Gorgias a trouvé Syracuse animée
Du désir de venger la défaite : il a su
Y régler l'action d'après un plan conçu;
Sous un nouveau stratége une armée est partie.
Agrigente s'efforce à reprendre Motye.
C'est à Nomes, dit-on, que Ducète a son camp :
Nous apprendrons bientôt quelque fait important.

PAUSANIAS.

Dieux, protégez les Grecs!

EMPÉDOCLE.

Amis, à l'espérance
Ouvrez vos cœurs. Les Grecs ont formé l'alliance
Qui doit, par l'union, assurer leur salut;
Tous, dans leur liberté, tendant au même but,
Affranchis de la haine, ils sentiront renaître
La force dans leurs bras : l'amour est le vrai maître.

SCÈNE IV.

LES MÊMES, PANTHÉIA.

PANTHÉIA, *qui a entendu les dernières paroles
d'Empédocle.*

Tu reconnais l'amour pour maître, et tu me fuis!

EMPÉDOCLE, *radieux.*

Je t'attendais.

PAUSANIAS, *à part.*

Oh!

PISIANAX, *bas, à Pausanias.*

Viens.

PAUSANIAS, *de même.*

Dans quel trouble je suis!
Tu crains l'Etna? Je crains cette femme qu'il aime.

PISIANAX, *l'emmenant.*

Qu'a-t-elle pu sur lui dans Agrigente même?

Ils sortent.

SCÈNE V.

EMPÉDOCLE, PANTHÉIA.

PANTHÉIA.

Tu m'attendais, dis-tu? M'avais-tu fait savoir
Dans quels lieux reculés je pouvais te revoir?
Le jour où tu quittas ton foyer, ta patrie,
Cruel, tu me laissas sans voix, évanouie.
Depuis, je m'informai de toi dans chaque port :
Tu te cachais si bien qu'on ignorait ton sort.
Pourtant, un voyageur, inventant à son aise,
Prétendit t'avoir vu dans le Péloponèse.
J'y courus aussitôt : tous mes pas furent vains.
Sans espoir de jamais t'y trouver, je revins.
Le navire m'avait conduite à Syracuse :
Un soir que je pleurais sur les bords d'Aréthuse,
Enviant le bonheur de la nymphe au flot pur
Que son amant rejoint par un chemin obscur,
Et surtout admirant la passion d'Alphée
Qui par le poids des mers ne peut être étouffée,
J'aperçus Gorgias. J'embrassai ses genoux,
Et je le suppliai, par les mots les plus doux,
De révéler pour moi ta secrète demeure.
Il céda : me voici. — Tu veux donc que je meure?
Tu t'es donc repenti d'avoir rouvert mes yeux,
Toi qui te dérobais à mon amour?

7

EMPÉDOCLE.

Les dieux,
O Panthéia, nous ont soumis à cette épreuve :
Nous en sortons tous deux avec une âme neuve.
— Moi, pour la liberté devenant un péril,
Je partis sur-le-champ. Mais toi, dans mon exil
Devais-je t'entraîner? Te dire où j'allais vivre,
C'était presque te faire un devoir de me suivre :
Je m'imposai silence, espérant que l'amour
Saurait bien te guider vers mon lointain séjour.
Retiré loin du bruit dans cette solitude,
En vain je m'efforçais de calmer par l'étude
Mon esprit inquiet : je sentais ma raison
Faiblir et se troubler. Fixé sur l'horizon,
Mon œil à chaque instant y voyait apparaître
Un point en qui mon cœur croyait te reconnaître.
J'ai longtemps attendu; mais l'amour à mes vœux
Te rend enfin : l'amour nous réunit tous deux!

PANTHÉIA, *s'asseyant sur une pierre, à gauche.*

J'ai bien souffert!

EMPÉDOCLE, *s'approchant d'elle.*

Et moi! ne peux-tu me comprendre?
— La neige, voile blanc que l'hiver vient étendre,
Naguère de l'Etna parait le front serein :
La lave, cependant, bouillonnait dans son sein.
Ainsi, sous mon front pâle, et qui semblait de glace,
Couvait ma passion, feu profond et vivace.

PANTHÉIA.

Ah! comment ai-je pu parvenir jusqu'ici?
Hors des dangers, mon être est encor tout transi.
— Sortant de Syracuse en pleine nuit, sans guide,
J'entendis sur la route un cavalier rapide
Qui galopait vers moi : bientôt, à la lueur
Des astres scintillants, je vis avec terreur
Que c'était un Sicule.

EMPÉDOCLE, *avec étonnement.*

Aux portes de la ville!

PANTHÉIA.

Il passa comme un trait. — Tout près de cet asile,
Traversant la forêt, je vis dans un hallier,
Ainsi que des charbons, deux yeux ardents briller.
Je pensai que c'était quelque bête sauvage;
Mais aussitôt un homme, écartant le feuillage,
Au milieu du sentier bondit pour me saisir.
Le cri que j'ai poussé, par bonheur, l'a fait fuir.

EMPÉDOCLE.

Ici près! un Sicule? En était-ce un encore?

PANTHÉIA.

Mon trouble était si grand! Cette fois, je l'ignore.

EMPÉDOCLE.

C'était sans doute un pâtre, ou peut-être un sylvain.

·P<small>ANTHÉIA</small>.

Eh! fût-ce Pan lui-même, un attentat divin
N'en est que plus terrible.

E<small>MPÉDOCLE</small>, *l'entourant de ses bras.*

Enfin, cesse de craindre :
Maintenant, dans mes bras, quel malheur peut t'atteindre ?
Rassure tes esprits et sois toute à l'amour :
Le jour qui nous unit est le plus heureux jour.
Ah! vivons l'un pour l'autre et confondons nos âmes!
Les neiges ont fondu sur l'Etna tout en flammes,
Et comme lui mon cœur, trop longtemps comprimé,
Déborde en ce moment près de l'objet aimé.
A toi, qui m'as donné ces preuves de constance,
A toi, ma Panthéia, toute mon existence!
Va, je saurai te faire oublier tes douleurs;
Et, si jamais tes yeux se remplissent de pleurs,
Tu ne verseras plus que des larmes de joie.
Ineffable bonheur où mon âme se noie!

P<small>ANTHÉIA</small>, *se levant.*

Ah! pour en mieux jouir, il nous faut retourner
Au foyer qu'on ne peut sans crime abandonner.
Partons pour Agrigente!

E<small>MPÉDOCLE</small>, *après avoir réprimé un mouvement
de répulsion.*

En ce lieu solitaire
Ne jouirons-nous pas d'un sublime mystère?

PANTHÉIA.

Entends-tu ces bruits sourds? La terre tremble ici.

EMPÉDOCLE.

Du lieu, dont sous nos pas le sol tressaille ainsi,
Le génie avait donc pressenti ta venue!
De nos embrassements la nature est émue.

PANTHÉIA.

Son trouble m'épouvante.

EMPÉDOCLE.

Il m'exalte l'esprit!

PANTHÉIA.

Il me glace le cœur.

EMPÉDOCLE.

Près de moi? — Qu'as-tu dit!

PANTHÉIA.

Que sais-je? Les périls ont pu me rendre folle.

EMPÉDOCLE.

Mais la raison revient lorsque l'amour console.

PANTHÉIA.

Est-ce ma faute, à moi, si j'étouffe en ces lieux?
— Oui, j'aspire au pays charmant, délicieux,
Où sourit à l'amour la plus douce nature,

Où l'air est tiède et calme, où l'onde est fraîche et pure,
Où la terre se pare incessamment de fleurs,
Où des nymphes partout t'accueilleront les chœurs
Comme Dionysos à son retour de l'Inde,
Ou bien comme Apollon revenant sur le Pinde.
— Viens où jamais l'hiver n'apporte les frimas,
Ah ! viens de ta présence éjouir l'Acragas !

EMPÉDOCLE.

Je ne puis.

PANTHÉIA.

Agrigente est pourtant ta patrie,
Et comme un fils pieux tu l'as toujours chérie.

EMPÉDOCLE.

Pour elle, en m'exilant, j'ai prouvé mon amour :
Un serment solennel m'a fermé le retour.

PANTHÉIA.

Zeus refuse d'entendre un serment téméraire :
Au culte du foyer le tien était contraire.

EMPÉDOCLE.

Si j'avais, en restant, trahi la liberté,
J'aurais de mon foyer souillé la sainteté.

PANTHÉIA.

Si tu crus devoir faire alors ce sacrifice,
Au retour, aujourd'hui, le moment est propice.

EMPÉDOCLE.

Non : tant que je vivrai, je craindrai que de moi
Le peuple agrigentin ne veuille faire un roi.

PANTHÉIA, *avec impatience.*

Penses-tu te soustraire au Destin par la fuite?

EMPÉDOCLE, *sévèrement.*

Ah! ne rappelle pas comment tu t'es conduite.

PANTHÉIA.

Que me reproches-tu? D'avoir poussé ta main
Vers le signe envié du pouvoir souverain,
Quand le peuple éperdu, dans son intérêt même,
Vint avec le conseil t'offrir le diadème?
Eh bien, oui! je m'en vante, et le ferais encor :
Je voulais jusqu'au bout conduire ton essor,
Et, malgré ton refus, je crois que ta carrière
A pour terme fatal l'autorité première.

EMPÉDOCLE.

Tu crois mal : être roi, c'est trop — ou c'est trop peu.

PANTHÉIA.

Je ne te comprends pas. A moins que d'être dieu,
D'avoir, comme Hèraclès, fils de Zeus qu'il atteste,
Un trône préparé dans l'Olympe céleste,
Que peut-on être plus enfin que d'être roi?
Les rois sont près des dieux, tu le sais comme moi.

— Hiéron, qui régna naguère à Syracuse,
Des poëtes aimé, célébré par la Muse;
Hiéron, qui vainquit comme toi dans les jeux,
Qui châtia l'Étrusque en un combat fameux
Comme aurait dû ton bras châtier le Sicule;
Hiéron, qui des dieux semble à tous un émule,
Eût-il été si grand s'il n'eût pas été roi?
Toi, plus heureux que lui, puisqu'on retrouve en toi
Tout ensemble Pindare, Eschyle et Simonide,
Dont l'éclat emprunté rendit sa cour splendide;
Puisqu'on admire en toi l'art puissant, don du sort,
De dompter les fléaux et de vaincre la mort;
Toi, si tu revêtais la majesté divine
Concédée aux rois seuls, devant qui tout s'incline,
Tu le surpasserais! — Quitte donc ce désert,
Ose ceindre ton front du diadème offert!
— Mais, non! dans le péril, infidèle à ta tâche,
Tu laisses ta patrie; et, pilote au cœur lâche,
Quand la tempête vient accroître le travail,
Tu refuses de prendre en main le gouvernail.

EMPÉDOCLE.

Moi seul de ma grandeur suis véritable juge.
Le salut de l'État au crime est un refuge.
Les Sicules vaincus témoigneront bientôt
Qu'un État libre peut voir les dangers de haut.

PANTHÉIA, *éclatant.*

Que me font après tout les Grecs et les Sicules,

La liberté, les lois, et tous tes vains scrupules !
— Moi, je voulais régner !

EMPÉDOCLE, à part.

O dieux ! ô désespoir !

PANTHÉIA.

Oui, je veux dominer ! oui, j'ai soif du pouvoir !
Les acclamations, les fleurs, l'encens, l'hommage
D'un flot d'admirateurs pressés sur mon passage,
J'ai connu tout cela, possédant la beauté.
Il me faut plus encore : une autre volupté
Plus durable, plus grande, en qui tout se confonde,
Qui remplisse mon âme aussi vaste qu'un monde,
M'attire. Cette foule, au trop hardi maintien,
Dont tous les fronts levés sont au niveau du mien,
Dans son enthousiasme est encor trop grossière :
Je veux la voir courbée, et baisant la poussière
De mes pieds.

EMPÉDOCLE.

Fol orgueil !

PANTHÉIA.

J'ai besoin de sentir

La multitude en moi s'absorber, s'engloutir,
Pour vivre de ma vie. Il faut que tout commence
Ou finisse à mon gré, que mon pouvoir immense
De mes sensations brise le cercle étroit ;
Quand je dirai : « Je veux ! » il faut que cela soit.

EMPÉDOCLE.

A tes égarements ton orgueil t'a rendue !
Coupable ambition qui t'a déjà perdue !
— Et tu disais m'aimer !

PANTHÉIA.

Oui ! — Lorsque tu sauras
Que j'aurais pu régner sans toi, tu le croiras.

EMPÉDOCLE.

Que dis-tu ?

PANTHÉIA.

Que pour moi le trône de Carthage
De l'amour d'un autre homme aurait été le gage.

EMPÉDOCLE.

Hasdrubal ? L'insensé ! le traître !

PANTHÉIA.

Il m'aimait, lui !
Et je l'ai repoussé !

A part.

Que fait-il aujourd'hui ?

Haut.

Je t'aime, mais — faut-il encor que je le dise ? —
Je veux régner. Pourquoi ne m'as-tu pas comprise ?
Je ne dois m'élever au trône qu'avec toi :
Donc, pour que je sois reine, il faut que tu sois roi.

EMPÉDOCLE, *se ravisant.*

Ah! tu l'avais bien dit, et maintenant j'y pense :
Oui, les dangers courus causent seuls ta démence.
— Écoute! si ces lieux t'inspirent tant d'horreur,
Si ces bruits souterrains te frappent de terreur,
Je suis prêt à quitter avec toi la Sicile :
A Rome nous irons demander un asile.

PANTHÉIA.

A Rome! ce pays des barbares obtus
Qui t'ont si bien charmé de leurs grandes vertus!
Non! — Ma parole a beau te sembler véhémente,
J'ai toute ma raison. — Partons pour Agrigente!

EMPÉDOCLE, *désespéré.*

Je t'aime, Panthéia, mais j'ai fait un serment.

PANTHÉIA.

Qu'importe!

EMPÉDOCLE, *la pressant.*

Je ne puis. Si tu m'aimes vraiment,
Ne brise pas mon cœur.

PANTHÉIA.

Partons!

EMPÉDOCLE, *s'agenouillant presque devant elle.*

Je te supplie!

PANTHÉIA, *avec force.*

Je ne t'appartiendrai que dans notre patrie.

EMPÉDOCLE, *se redressant.*

Pars donc : je resterai.

Panthéia reste interdite.

Triste déception !
De ma faiblesse, hélas ! juste punition !
Une fois, une seule, à moi-même infidèle,
J'ai cédé,

Montrant Panthéia.

reniant ma parole pour elle :
Je l'ai conduite au temple, oubliant mon refus,
Et depuis, incertain, je ne me connais plus.
— Oh ! vous savez, grands dieux, si j'aime cette femme
Qui torture mon cœur, et qui perdrait mon âme !
Mais puisque je ne puis, sans manquer au devoir,
Jouir de ce bonheur que je crus entrevoir,
Je dompterai mes sens, et j'expîrai ma faute !
Aspirant aux sommets d'une sphère plus haute,
Ma volonté triomphe enfin de mon émoi :
Je t'échappe, ô nature, et je redeviens moi !

Il se retire avec majesté.

SCÈNE VI.

PANTHÉIA, *puis* HASDRUBAL.

Panthéia, *seule.*

Pars, a-t-il dit ! — Sur lui voilà donc ma puissance !
De ce cruel affront comment tirer vengeance ?

Hasdrubal sort de la forêt à gauche.

Hasdrubal, *d'une voix sourde.*

En partant avec moi ! J'exauce ton souhait.

Panthéia, *effarée.*

Hasdrubal !

Hasdrubal.

Parle bas ! — L'homme de la forêt !
Le fugitif, que tu n'as pas su reconnaître,
Qu'un nouveau cri de toi mettrait à mort peut-être !

Panthéia, *baissant la voix.*

Ici ! comment ? pourquoi ?

Hasdrubal.

Le temps est précieux :
Tu sauras tout plus tard. Fuyons d'abord ces lieux.

PANTHÉIA, *amèrement.*

Après tant de douleurs, tant de recherches vaines,
De fatigues passant les facultés humaines,
Je retrouve Empédocle, hélas ! — et pour le fuir ?

HASDRUBAL.

Objet de son mépris, veux-tu toujours languir ?
N'a-t-il pas dessillé tes yeux ? Crois-tu qu'il t'aime ?
Occupé d'un vain songe, il n'aime que lui-même.
N'as-tu pas regretté de m'avoir méconnu ?
— J'étais là, j'entendais. — Pour toi je suis venu
Jusque dans ce repaire où j'expose ma vie :
On me hait, on soupçonne... Enfin, je t'ai suivie.
— Viens ! mon amour peut seul te donner le pouvoir !
Je fuis en ce moment, mais je te ferai voir
Que, si sur mon chemin j'ai trouvé des obstacles,
Mes trésors, ma constance, opèrent des miracles.
Là-bas, dans la forêt, j'ai laissé des chevaux :
Sur la côte, vers l'Ourse, attendent mes vaisseaux.
Nous gagnerons par mer le pays du Ligure,
Du Gaulois, de l'Ibère, hommes de trempe dure ;
Et chez ces peuples fiers, toujours prêts aux combats,
Nous pourrons en grand nombre enrôler des soldats.
Quand Carthage verra ces vaillantes cohortes,
Mon parti m'acclamant, elle ouvrira ses portes.
— Viens donc, ne tarde pas.

PANTHÉIA.

Partir ! partir ainsi !

HASDRUBAL.

Les moyens détournés ne m'ont pas réussi :
J'en ai d'autres. Il faut frapper un coup d'audace,
Le succès est certain. Mais le péril menace
Tant qu'on peut suivre ici la trace de mes pas.
Partons, partons ensemble, et tu te vengeras.

PANTHÉIA.

Mais, s'il m'aime pourtant !

HASDRUBAL.

Il t'a dit : « Pars, je reste ! »
Veux-tu l'entendre dire enfin qu'il te déteste ?

PANTHÉIA, *à part.*

Oh !

HASDRUBAL.

Viens ! je dois d'abord me mettre en sûreté.
Viens ! ne compromets pas ta propre royauté.

PANTHÉIA, *fascinée.*

Je serai reine !

HASDRUBAL.

Reine ! ou plus encor, déesse !
Dans le temple d'Éryx un jour tu fus prêtresse ?
A Carthage, le peuple, en voyant ta beauté,
Te salûra des noms de Tanit, d'Astarté ;

Et, lorsque sur ton front luira le diadème,
Tu paraîtras à tous la divinité même.
— On vient : fuyons !

Il entraîne Panthéia.

SCÈNE VII.

PISIANAX, PAUSANIAS.

PAUSANIAS.

Mes yeux me trompent! j'ai vu mal!
J'ai cru voir Panthéia fuir avec Hasdrubal.

PISIANAX.

Eh bien! réjouis-toi : tu n'as plus à la craindre.

PAUSANIAS.

Mais Empédocle souffre, et nous devons le plaindre.

PISIANAX.

De ce qui s'est passé savons-nous le secret?
Empédocle est rentré silencieux, muet.
Cependant, à le voir et si calme et si grave,
Je crois que son génie a rompu toute entrave,
Et qu'un grand changement vient de se faire en lui.
Notre amitié, d'ailleurs, reste son ferme appui.

SCÈNE VIII.

Les mêmes, GORGIAS.

GORGIAS.

Amis, nous triomphons!

Pisianax et Pausanias.

Gorgias!

GORGIAS.

Le Sicule

Est battu!

Pausanias.

Gloire aux dieux!

Pisianax, *à Gorgias.*

Et Ducète recule?

GORGIAS.

Il est à Syracuse.

Pisianax.

Il est donc prisonnier?

GORGIAS.

Il est venu lui-même; et c'est lui le premier
Qui, par crainte des siens, fuyant dans la nuit noire,
Hier nous a des Grecs annoncé la victoire.

8

PAUSANIAS.

Se peut-il ?

GORGIAS.

Dans nos murs, humilié, banni,
Ce chef montrait assez que tout était fini.
La nouvelle nous fut à l'instant confirmée
Par un message écrit, envoyé de l'armée.
— Près de Nomes Ducète avait posé son camp :
Par les Syracusains attaqué sur-le-champ,
Il se maintient d'abord, et, comme un loup sauvage
Qui défend sa tanière, il répand le carnage.
Mais les Agrigentins, après avoir forcé
Le corps qui dans Motye avait été laissé,
Chauds encor du succès qui leur rend cette place,
Apportent à propos un secours efficace.
Les Sicules surpris résistent cependant,
Quand tout à coup un vent impétueux, brûlant,
S'élève, leur soufflant la poussière au visage ;
La terre tremble : on voit comme un rouge nuage,
Du côté de l'Etna, mettre le ciel en feu.
Aveuglés, se croyant poursuivis par un dieu,
Ces rebelles si fiers prennent alors la fuite.
Les Grecs, avec ardeur lancés à leur poursuite,
En font un grand massacre, et leur pouvoir naissant,
Si terrible déjà, disparaît dans leur sang.

PAUSANIAS, *à part.*

Ah ! j'en crois Empédocle : oui, la raison divine,
Seule, explique les faits.

GORGIAS.

> Du haut d'une colline
> Hasdrubal assistait à la lutte, on le sait.

PAUSANIAS, *à Pisianax*.

C'est bien lui que j'ai vu !

GORGIAS.

> C'est lui qui fournissait
> Le fer, que ses vaisseaux introduisaient dans l'île.
> Après avoir chassé les Grecs de la Sicile,
> Les Sicules devaient, pour payer son appui,
> Le conduire à Carthage et combattre pour lui.
> Il comptait y régner.

PAUSANIAS.

> Puis, ses sujets sans doute
> Des ports siciliens auraient ouvert la route.

PISIANAX.

Mais Ducète, des siens qu'a-t-il donc redouté ?

GORGIAS.

Les derniers survivants fuyaient de tout côté.
Avec le petit nombre encor qui l'accompagne
Ducète, pour lutter, veut gagner la montagne.
Mais les uns, fatigués, l'abandonnent bientôt ;
Les autres, contre lui formant un vil complot,
Pour voir de leur salut leur trahison suivie,

Décident aux vainqueurs de le livrer sans vie ;
Et déjà sur leur chef ils abaissaient la main,
Quand, prévenant le coup, il s'échappe soudain.
Le cœur navré, déçu dans ses plans héroïques,
Seul, et ne se fiant pas même aux dieux Paliques,
Semblable au criminel que Némésis poursuit,
Il presse son cheval dans l'ombre de la nuit,
Arrive à Syracuse, et, près du temple antique,
Embrassant les autels sur la place publique,
Se fait le suppliant des dieux de la cité.
— Stupéfait tout d'abord, mais ensuite agité,
En deux camps opposés le peuple se partage :
L'un contre un ennemi pousse des cris de rage,
L'autre veut qu'on respecte un protégé des dieux.
Alors, bien inspiré, moi, je me jette entre eux :
— « D'Empédocle, ai-je dit, je connais la retraite ! »
— « Que du sage divin la volonté soit faite ! »
Tel fut le cri de tous. — Je viens donc tout exprès.

PISIANAX, *indiquant sa maison.*

Allons !

PAUSANIAS.

Et rendons grâce aux dieux d'un tel succès !

FIN DU QUATRIÈME ACTE.

ACTE CINQUIÈME

PREMIÈRE PARTIE.

Un portique extérieur de la maison de Pisianax.— La colonnade coupe la scène au second plàn. Dans le fond, les derniers arbres de la forêt, et des terrains incultes s'étendant jusqu'au cratère de l'Etna. Il fait nuit : l'éruption jette des lueurs intermittentes. Au premier plan, une table entourée de trois lits : celui de face pour deux personnes, ceux des côtés pour une seule. Sur la table, un repas d'où toute viande est bannie. Des torches allumées.

SCÈNE PREMIÈRE.

EMPÉDOCLE, PISIANAX, *sur le lit de face;* PAUSANIAS, *sur le lit de gauche;* GORGIAS, *sur le lit de droite;* QUATRE ESCLAVES, *servant.*

EMPÉDOCLE.

Ces dieux si vénérés, à nos cités propices,
A qui ce soir, offrant d'innocents sacrifices,
Nous avons d'un lait pur fait des libations,
Ces puissants protecteurs que nous remercions,
Lorsqu'à leurs saints autels touche même un coupable,
Veulent qu'il soit sacré pour tous, inviolable.

Il faut considérer l'honneur de la cité,
Et non-ce que Ducète a fait ou mérité.
Les dieux rendent, d'ailleurs, la clémence opportune :
D'un ennemi vaincu respectant l'infortune,
Syracuse obtiendra, pour prix de ses vertus,
L'hommage incontesté des peuples abattus.
Ducète est suppliant : il aura donc sa grâce ;
De la mer d'Ionie il franchira l'espace,
Et, du trésor public recevant les secours,
Sain et sauf, à Corinthe il finira ses jours.

GORGIAS.

Les Syracusains vont, d'une voix unanime,
Rendre un décret conforme à l'esprit qui t'anime.

PISIANAX.

Des préjugés haineux tombe le voile épais !
Vienne enfin parmi nous le règne de la paix !

PAUSANIAS.

Renaisse l'âge d'or !

EMPÉDOCLE.

              Ah ! dans l'âge où nous sommes,
Combien nous différons, hélas ! des anciens hommes !
— Ils n'avaient pas Arès, ni le Tumulte affreux,
Ni Zeus roi, ni Kronos, ni Poseidon, pour dieux :
Mais Cypris était reine ; et, dans ces premiers âges
Pour lui plaire, on offrait de pieuses images,
Portraits d'êtres vivants, et d'exquises senteurs,

L'encens, la myrrhe pure, odorantes vapeurs,
Et des flots de miel blond répandus sur la berge.
Mais du sang des taureaux l'autel demeurait vierge :
Pour les hommes d'alors, l'acte le plus pervers
C'était d'arracher l'âme et de manger les chairs.
Aussi la bienveillance était universelle,
Aux bêtes, aux oiseaux, la douceur naturelle ;
Les arbres toujours verts, toujours garnis de fruits,
De fleurs, toute l'année abondaient en produits.
— Il le savait, cet homme à la haute science,
Qui des travaux divers dus à l'intelligence,
Sublime, avait acquis le plus ample trésor.
Car, lorsque son esprit prenait tout son essor,
Voyant chaque détail, il embrassait sans peine
Dix, vingt âges entiers de la famille humaine.
— Ah ! quand donc cessera le carnage odieux ?
Ceux qui mangent la chair se dévorent entre eux.

PISIANAX.

Les préceptes sacrés du divin Pythagore,
Renouvelés par toi, nous dirigent encore.

EMPÉDOCLE.

Tuer l'être vivant, à qui respect est dû,
N'est point aux uns permis, aux autres défendu ;
Mais, dans l'immensité de l'air plein de lumière,
Une, constante, à tous s'étend la loi première.
— Abstenez-vous du mal, soyez purs, ô mortels !
Tant que vous vous plairez aux actes criminels,
Vos âmes n'auront pas de trêve à leurs souffrances.

GORGIAS.

Nous subissons souvent les tristes circonstances.

EMPÉDOCLE, *douloureusement.*

La Grâce au doux langage a toujours détesté
L'intolérable joug de la Nécessité !
Plutôt que de commettre une action impie,
Mieux vaut que dans l'Hadès l'âme se réfugie.
— Hélas ! que n'ai-je vu mon dernier jour, avant
Que ma lèvre eût touché des mets souillés de sang !

Avec gravité.

De la nécessité, des dieux, l'arrêt antique,
Éternel, et scellé d'un serment énergique,
Veut que, si, par hasard, ou s'étant parjuré,
Impur, quelque génie au meurtre s'est livré,
—Quelqu'un de ceux auxquels échut la longue vie, —
Quittant des bienheureux la céleste patrie,
Le coupable erre au loin trois myriades d'ans,
Parcourant tour à tour, sous des aspects changeants,
Les pénibles chemins du terrestre domaine.
— Ainsi, moi, subissant les fureurs de la haine,
Loin des dieux, dans l'exil, maintenant j'erre ici.
Je me suis profané : c'est pourquoi me voici.
Que de formes, hélas ! j'ai déjà revêtues !
Que de maux endurés ! que de routes battues !
De quel degré d'honneur et de félicité
Dans ce séjour mortel je fus précipité !

J'ai pleuré, j'ai crié, voyant cette demeure
Inaccoutumée !

> *Avec transport.*

Ah ! mon âme aspire à l'heure
Qui marquera la fin des expiations !

> PISIANAX, *l'entourant de ses bras.*

Tu veux donc nous quitter?

> EMPÉDOCLE.

Les transformations
D'un ordre inférieur une fois accomplies,
De leur ancien état s'approchent les génies.
Ils sont alors devins, poëtes, médecins ;
Des hommes sur la terre ils règlent les desseins ;
Puis ils s'élèvent, dieux, dans la gloire infinie,
Des autres immortels partageant l'ambroisie,
Libres à tout jamais, dans leurs divins repas,
Des peines des humains, du malheur, du trépas.

> PAUSANIAS.

Ces terribles secrets, qu'aujourd'hui tu révèles,
Causent à notre esprit des surprises nouvelles.

> EMPÉDOCLE.

O mes amis, je dis — et certes, je le sais ! —
Je dis la vérité : mais la foi trouve accès
Très-difficilement jusqu'à l'esprit des hommes.

> PREMIER ESCLAVE, *à Empédocle.*

Maître, une troupe vient dans l'endroit où nous sommes

SCÈNE II.

<small>Les mêmes, THÉOCLÈS, LACON, Soldats agrigentins.</small>

<small>THÉOCLÈS.</small>

Empédocle, pardonne à des concitoyens
Si leurs regards encore osent chercher les tiens.
Pieux, nous respectons le serment qui te lie,
Mais nous sommes ici hors de notre patrie.
— Après le grand combat auquel nous prîmes part,
Derrière les vaincus nous lançant au hasard,
Dans les bois, dans les monts, nous perdîmes leurs traces.
Nous vînmes, dominant au loin de grands espaces,
Jusqu'aux flancs de l'Etna : là, nous avons appris,
D'un pâtre qui poussait devant lui ses brebis,
Qu'une habitation, la plus proche du faîte,
Chère à Pisianax, lui servait de retraite,
Et qu'il y recueillait deux hôtes inconnus.
Du nom de ton ami nous étant souvenus,
Nous avons soupçonné que l'amitié fidèle,
Avec Pausanias, t'abritait sous son aile.
Les dieux, n'en doute pas, nous ont guidés vers toi.
— Ah ! nous ne venons plus pour te saluer roi !
Cesse de voir en nous des cœurs mous et frivoles :
Nous avons retenu tes dernières paroles ;
Par ton esprit sublime éclairés, affermis,
Libres, nous avons su vaincre nos ennemis.
C'est toi qui nous forças de compter sur nous-mêmes,

D'unir nos volontés pour les efforts suprêmes;
Et, d'un danger de mort maintenant préservés,
Nous rendons grâce à toi, car tu nous as sauvés!

LACON.

Oui, tu nous as sauvés! toi seul fais notre gloire :
Toi seul, toi seul aux Grecs as donné la victoire!
Ah! je vois à présent d'où nous vint le secours :
Du haut du mont Etna tu veillais sur nos jours·;
Et comme, à Sélinonte, un courant salutaire,
Sur un signe de toi, purifia la terre,
A Nomes, l'air de feu, qui, troublant l'ennemi,
Le jeta dans nos mains, par l'Etna fut vomi
Sur un signe de toi, protecteur de nos armes!
Pour conjurer les vents as-tu recours aux charmes?
Non : ce pouvoir si grand, tu le tires de toi
Et l'on crut t'élever en te proclamant roi!
Toi! toi qui fais trembler la terre, divin maître
Qui, venu de l'Olympe, y vas monter peut-être!
T'offrir un trône humain, c'était t'honorer peu :

> *S'inclinant, la main gauche élevée vers la*
> *bouche, et la droite tendue vers Empédocle.*

Devant ta majesté, moi, je m'incline, ô dieu !
J'adore !

EMPÉDOCLE, *se levant.*

O vous, amis, qui de la grande ville,
Sur le fauve Acragas, des hôtes noble asile,
Habitez les hauteurs, vous, bienfaisants et doux,
Salut! — Oui, je suis dieu!

Les Agrigentins, *s'inclinant comme Lacon.*

Gloire au dieu !

Empédocle, *s'avançant suivi de ses amis.*

Parmi vous,
Non plus fait pour la mort, mais immortel, auguste,
Je m'avance honoré de tous, comme il est juste,
Et le front ceint de fleurs qu'assemble un nœud sacré.
— Dans les villes en fête à peine suis-je entré,
Qu'hommes, femmes, m'offrant ensemble leurs hommages,
Me suivent par milliers, pour avoir des présages,
Pour savoir les moyens d'acquérir des trésors,
Ou, sur les maux divers qui consument leurs corps,
Pour recueillir enfin l'oracle salutaire.

A part.

Mais, comme si ce fût une si grande affaire
Que de surpasser, moi, les malheureux mortels,
Pourquoi vais-je insister là-dessus ?

Lacon.

Tes autels
Verront brûler l'encens et la myrrhe odorante :
Suivant chaque saison, le peuple d'Agrigente
Les couvrira de fleurs ou des fruits les plus beaux.

Empédocle.

Allez, Agrigentins, livrez-vous au repos :
Demain vous partirez pour la cité chérie.

LACON.

Veille toujours sur elle, ô dieu de la patrie !

Les Agrigentins se retirent.

SCÈNE III.

EMPÉDOCLE, PISIANAX, PAUSANIAS,
GORGIAS, QUATRE ESCLAVES

EMPÉDOCLE.

Oui ! l'arrêt du Destin vient d'être publié :
J'ai lutté, j'ai souffert, je suis purifié.

PISIANAX.

Tu vas donc regagner la céleste demeure ?

PAUSANIAS.

Faut-il nous réjouir ou pleurer à cette heure ?

EMPÉDOCLE.

Amis, oubliez l'homme, et ne pensez qu'au dieu.

PISIANAX.

Reste encor parmi nous !

PAUSANIAS.

Exauce notre vœu !

EMPÉDOCLE.

Le Destin marque seul les heures solennelles.

GORGIAS.

Quand nous n'entendrons plus tes leçons immortelles,
Que ferons-nous sans guide?

EMPÉDOCLE.

Avant tout, dès demain,
A l'aube, Gorgias, tu prendras le chemin
Qui mène à Syracuse, et là, tenant ma place,
Pour l'ennemi vaincu tu demanderas grâce.
Le reste de tes jours, tu te consacreras
A l'art de l'éloquence, et tu l'enseigneras.
Puisses-tu n'oublier jamais que, grave, auguste,
Cet art sacré doit être au service du juste!

PAUSANIAS.

Sans toi, que de secrets j'ai sondés vainement!

EMPÉDOCLE.

Un dieu, Pausanias, t'ouvrit l'entendement.
Tout ce qui remédie aux maux, à la vieillesse,
Tu le sais : mon pouvoir, à toi seul je le laisse.
Tu calmeras l'essor impétueux des vents
Qui soufflent sur la terre et dévastent les champs :
A ton gré, de nouveau, tu presseras leur course;
De la pluie à propos tu tariras la source,
Et, quand tout séchera, tu rendras en été

Aux arbres, aux moissons, la douce humidité.
Du sombre Hadès enfin tu tireras une âme.

PAUSANIAS.

Telle que Panthéia ?

EMPÉDOCLE, *avec effort.*

Le nom de cette femme
Ne doit plus être ici prononcé devant moi.

PISIANAX.

Tu te sens homme encor !

EMPÉDOCLE.

Pisianax, ô toi,
Tendre ami, dont le sein fut mon meilleur refuge,
Dont le cœur ferme et droit fut bien souvent mon juge,
Au terme de l'épreuve aujourd'hui parvenu,
Je t'aime plus encor, toi qui m'as soutenu.
— Si, soumis aux tourments de la nature humaine,
J'en sors vainqueur, rentrant dans mon premier domaine,
Je le dois aux bienfaits de la pure amitié.

Il ouvre les bras : ses amis s'y jettent.

Dans toutes mes douleurs vous fûtes de moitié :
Je triomphe par vous autant que par moi-même.
Merci, vous qui m'aimez ! Oh ! merci, vous que j'aime !

Il les repousse doucement.

Chers amis, laissez-moi. — Laissez-moi, cette nuit,
Contempler seul la voie où mon sort me conduit.

> *Pisianax, Pausanias et Gorgias se retirent en
> proie à une vive émotion. Empédocle leur fait
> un signe d'adieu; puis, passant au milieu des
> esclaves qui s'inclinent, il se tourne vers le cra-
> tère de l'Etna qui lance un jet de flammes. Quand
> l'obscurité revient, Empédocle a disparu.*

SCÈNE IV.

QUATRE ESCLAVES. — *Les deux derniers enlèvent
la table et les lits.*

PREMIER ESCLAVE, *au deuxième.*

N'as-tu pas entendu comme une voix sonore
Appeler Empédocle?

DEUXIÈME ESCLAVE

    Il n'est plus là! J'ignore
Ce qu'il est devenu.

PREMIER ESCLAVE.

    N'as-tu pas vu l'éclair
Illuminer la nuit?

DEUXIÈME ESCLAVE.

Certes.

PREMIER ESCLAVE.

Eh bien, dans l'air
Empédocle à l'instant s'est enlevé.

DEUXIÈME ESCLAVE.

Sans doute.

PREMIER ESCLAVE.

Il est dieu : de l'Olympe il a repris la route.

Ils rentrent.

FIN DE LA PREMIÈRE PARTIE
DU CINQUIÈME ACTE.

DEUXIÈME PARTIE.

Le cratère de l'Etna. — Au second plan, la fumée et les flammes
sortent du gouffre : dans le fond, la lave s'écoule par une large
crevasse. Au premier plan, des blocs de lave refroidie, des scories et des cendres.

SCÈNE PREMIÈRE.

EMPÉDOCLE, *seul.*

Puissant génie, Etna, de ton sublime effort
Que va-t-il résulter? la naissance, ou la mort?
Naître! mourir! vains mots qu'a faits l'humain langage,
Et qui n'ont pas de sens pour la raison du sage!
— Rien ne commence au sein des phases du grand tout,
Rien ne finit non plus par la mort qui dissout;
Ce qu'on nomme naissance est un simple mélange,
Et des corps mélangés un mutuel échange.
Le néant, en effet, ne peut rien devenir,
Ni, d'aucune façon, l'être s'anéantir;
Car il subsistera toujours, quoi que l'on fasse.
Mais, lorsqu'à la lumière un mélange prend place
Sous une forme d'homme, ou d'animal muet,
Ou de plante, ou d'oiseau, l'on dit que cela naît;
Et, quand des éléments s'est rompu l'assemblage,

On dit que cela meurt. — Moi, j'ai suivi l'usage. —
Folie ! Ah ! ce n'est pas voir loin que de penser
Que ce qui n'était pas puisse un jour commencer,
Ou qu'un être quelconque entièrement finisse.
Jamais homme sensé ne croira — vain caprice ! —
Qu'aussi longtemps qu'il vit, dans cet état vital,
Il existe, éprouvant et le bien et le mal,
Mais qu'avant l'union comme après la rupture
Des principes divers qui forment sa nature,
Il n'est rien. — Si la haine, en lutte avec l'amour,
Désagrége les corps transformés tour à tour,
Des êtres animés produisant la série.
Où se trouvent mêlés les dieux à longue vie,
Dans un cercle éternel, immobile unité,
Se meut le vaste esprit de la divinité.
Dieu suprême ! on ne peut faire que l'œil le voie,
Ni que la main le touche, et c'est pourtant la voie
Par où passe le mieux la persuasion.
Aucun organe humain ne sert son action.
Mais, pure intelligence, ineffable et sacrée,
S'étend dans l'univers sa rapide pensée.
Chez l'homme, le génie est le brillant reflet
Dont la divinité l'éclaire et le revêt.
Heureux qui participe à la raison divine !
En elle est le bonheur, qu'en vain l'on imagine ;
En elle est le repos comme le mouvement ;
En elle est l'amour pur, en elle on vit vraiment !

*Panthéia paraît : elle s'avance péniblement au
milieu des cendres et des scories.*

SCÈNE II.

EMPÉDOCLE, PANTHÉIA.

PANTHÉIA, *d'une voix suppliante.*

Empédocle !

EMPÉDOCLE, *atterré.*

Elle ici !

PANTHÉIA.

Pardonne-moi ! pardonne !
Ne crois pas que jamais, ami, je t'abandonne !
Quelque mauvais démon a pu, pour un instant,
Égarer mon esprit ; mais mon cœur repentant,
Mon cœur rempli de toi, dans ma coupable fuite
M'a bientôt arrêtée, et vers toi reconduite.
— J'allais seule, suivant des sentiers inconnus,
Aux ronces, aux rochers déchirant mes pieds nus,
Sans souci du danger, cherchant d'un œil avide
Le toit qui t'abritait dans cette nuit livide.
Le mont lançait parfois une gerbe de feu,
Et tout brillait au loin : je te vis ! Comme un dieu
Tu marchais, traversant la région déserte.
Je t'appelai : ma voix par le bruit fut couverte.
Dans les cendres alors tombant à chaque pas,
Je t'ai suivi. — Pitié ! ne me repousse pas !

EMPÉDOCLE, *à part.*

Devrai-je retomber de si haut sur la terre?

PANTHÉIA.

Tu détournes les yeux! — Je comprends ta colère,
Ta haine, ton mépris, que j'ai trop mérité :
Moi-même, je rougis de mon indignité.
Un homme, — que jamais je n'aimai, je le jure! —
Avait, à mon insu, de sa parole impure
Empoisonné mon âme, et j'eus soif du pouvoir;
Ton amour aussitôt me le fit entrevoir :
Hélas! je confondis l'amour et la puissance!
Tu résistais : je crus vaincre ta résistance.
N'étais-tu pas déjà soumis à ma beauté?
Je me crus la plus forte : ô triste vanité!
Mais, si j'osai, trop vaine, entreprendre la lutte,
Voyant mon repentir, prends pitié de ma chute!

EMPÉDOCLE.

Quand je t'eus arrachée au funèbre sommeil,
Trompeuse, tu me tins un langage pareil.

PANTHÉIA.

Je ne te trompais point. Je t'aimais, et je t'aime
Plus que toute grandeur, ô toi, la grandeur même!
C'est moi qui me trompai. Je déteste l'erreur
Qui troubla mon esprit sans égarer mon cœur :
J'aspire à ton pardon, et, pour que je l'obtienne,
Je veux mettre mon âme au niveau de la tienne!

EMPÉDOCLE.

Tu veux me ramener par les tristes chemins
Où, de maux accablés, se traînent les humains!

PANTHÉIA.

Je veux ce que tu veux : je t'appartiens en somme.
Veux-tu passer la mer pour aller vivre à Rome ?
J'irai. Veux-tu rester sur l'Etna? Près de toi
Je resterai toujours. Eh! que m'importe, à moi,
Ou le flot de la mer, ou le flot de la lave?
Je te suivrai partout, car je suis ton esclave.

EMPÉDOCLE.

Va, je connais trop bien cette soumission :
Tu prépares ainsi ta domination.

PANTHÉIA.

Hélas! ne vois-tu pas que le remords m'accable?

EMPÉDOCLE.

Comment pourrait changer ta nature indomptable?

PANTHÉIA, *tombant à ses pieds.*

Ta force l'a domptée!

EMPÉDOCLE.

              Une première fois

Tu m'as déçu.

PANTHÉIA.

          Je suis à tes pieds, tu le vois.

EMPÉDOCLE.

Tu veux régner pourtant !

PANTHÉIA.

Je ne veux d'autre gloire
Que de t'appartenir.

EMPÉDOCLE.

Comment puis-je te croire ?

PANTHÉIA.

Que te dire ? Je t'aime !

EMPÉDOCLE.

Oui, tu parles ainsi.

PANTHÉIA.

Quelle preuve veux-tu que je te donne ici ?

EMPÉDOCLE.

Tu me suivras partout ?

PANTHÉIA.

Toute à toi je me livre.

EMPÉDOCLE, *lui montrant le cratère.*

Vois-tu ce gouffre ouvert ?

PANTHÉIA, *se relevant.*

Je vois.

EMPÉDOCLE.

Veux-tu m'y suivre ?

PANTHÉIA, *lui prenant la main.*

Viens!

EMPÉDOCLE.

Mais, auparavant, regarde-le de près :
Cet abîme sans fond est ouvert sur l'Hadès.

PANTHÉIA.

Eh bien! tu m'en tiras jadis, tu m'y replonges :
Les jours que tu m'as faits auront été des songes.

EMPÉDOCLE.

Mais, dans ces profondeurs, comme un liquide airain,
Vois bouillonner la lave.

PANTHÉIA.

Oui, le feu souterrain !
S'il doit nous réunir, c'est pour moi la lumière.
— En doutes-tu? Faut-il m'y lancer la première?

EMPÉDOCLE.

Ton corps si beau sera dévoré, consumé.

PANTHÉIA.

Je n'y tenais qu'autant que tu l'aurais aimé.

EMPÉDOCLE.

Tu consens à mourir ?

PANTHÉIA.

Mon âme en est ravie !
Ah ! la mort dans tes bras, c'est encore la vie !

EMPÉDOCLE.

Oui, tu m'aimes vraiment ! Tu m'as compris enfin.
— Ce qu'on appelle mort, ce n'est pas une fin :
Tu le sens comme moi. Ce gouffre qui m'attire
N'est pour nous qu'un passage : au bout, nous verrons luire
La véritable gloire, éternelle splendeur.
C'est là que nous attend la suprême grandeur.
Nous sommes épurés tous deux par la souffrance :
Ensemble nous allons à notre délivrance !

PANTHÉIA.

Ah ! tu m'as pardonné ma folle ambition ?

EMPÉDOCLE.

Pour toujours je t'arrache à la tentation.

PANTHÉIA.

Reçois-moi dans tes bras !

EMPÉDOCLE, *l'embrassant avec force.*

Sur mon cœur je te presse !

PANTHÉIA, *transportée.*

Bonheur tant désiré !

EMPÉDOCLE, *l'entraînant sur le bord du cratère.*

Viens ! voici l'heure !

PANTHÉIA.

Ivresse !

EMPÉDOCLE.

Allons avec les dieux, au bienheureux séjour,
Vivre éternellement dans l'éternel amour !

Ils se précipitent ensemble dans le cratère de l'Etna.

FIN.

NOTES

Faisant parler Empédocle, je ne pouvais mieux faire que de mettre dans sa bouche le plus possible des vers trop rares qui nous sont restés de lui. J'ai donc fait de nombreux emprunts aux fragments de ses poèmes, puisque, sur 480 vers ou fragments de vers que contient l'édition de M. Fr. Guil. Aug. Mullach, publiée dans la Bibliothèque grecque de Firmin Didot, j'en ai traduit 178 que j'ai fait entrer dans mon étude. J'en reproduis ici le texte pour les lecteurs qui voudront se rendre compte de ce travail.

L'indication qui précède les citations se rapporte au drame de *Panthéia*, et celle qui les suit à l'édition d'EMPÉDOCLE, donnée par M. Mullach *.

Page 6, vers 9-13.

Παυσανίην ἰητρὸν ἐπώνυμον Ἀγχίτου υἱόν,
φῶτ' Ἀσκληπιάδην πατρὶς ἔθρεψε Γέλα ·
ὃς πολλοὺς μογεροῖσι μαραινομένους καμάτοισι
φῶτας ἀπέστρεψεν Περσεφόνης θαλάμων.

V. 473-476.

* La seconde idylle de Théocrite est trop connue pour que j'aie besoin d'indiquer les passages que j'ai introduits dans le sacrifice magique de la première scène du second acte.

Page 22, vers 11-14.

Τέσσαρα τῶν πάντων ῥιζώματα πρῶτον ἄκουε,
πῦρ καὶ ὕδωρ καὶ γαῖαν ἰδ' αἰθέρος ἄπλετον ὕψος·
ἐκ γὰρ τῶν ὅσα τ' ἦν ὅσα τ' ἔσσεται ὅσσα τ' ἔασιν.

V. 59-61.

Page 22, vers 14-16.

ἄλλοτε μὲν φιλότητι συνερχόμεν' εἰς ἓν ἅπαντα,
ἄλλοτε δ' αὖ δίχ' ἕκαστα φορεύμενα νείκεος ἔχθει.

V. 68-69.

Page 23, vers 5-7.

Τέσσαρα γὰρ πάντων ῥιζώματα πρῶτον ἔασι·
Ζεὺς ἀργὴς Ἥρη τε φερέσβιος ἠδ' Ἀϊδωνεὺς
Νῆστίς θ' ἣ δακρύων τέγγει κρούνωμα βρότειον.

V. 159-161.

Page 24, vers 1-9.

Ἔνθ' ἦσαν Χθονίη τε καὶ Ἡλιόπη ταναῶπις,
Δῆρίς θ' αἱματόεσσα καὶ Ἁρμονίη θεμερῶπις,
Καλλιστώ τ' Αἴσχρη τε, Θόωσά τε Δηναιή τε
Νημερτής τ' ἐρόεσσα μελάγκουρός τ' Ἀσάφεια·

Φυσώ τε Φθιμένη τε καὶ Εὐναίη καὶ Ἔγερσις,
Κινώ τ' Ἀστεμφής τε, πολυστέφανός τε Μεγιστώ
καὶ Φορυὴ καὶ δῖα Σιωπή τ' Ὀμφαίη τε.

V. 22-28.

Page 24, vers 11.

Ἠλύθομεν τόδ' ὑπ' ἄντρον ὑπόστεγον.

V. 29.

Page 24, vers 12-15.

ἀτερπέα χῶρον,
ἔνθα Φόνος τε Κότος τε καὶ ἄλλων ἔθνεα Κηρῶν,
(αὐχμηραί τε νόσοι καὶ σήψιες ἔργα τε ῥευστά)
Ἄτης ἂν λειμῶνά τε καὶ σκότον ἠλάσκουσιν.

V. 18-21.

Page 25, vers 5-6.

Ὦ πόποι, ὦ δειλὸν θνητῶν γένος, ὦ δυσάνολβον,
οἵων ἐξ ἐρίδων ἔκ τε στοναχῶν ἐγένεσθε.

V. 30-31.

Page 56, vers 6.

νυκτὸς ἐρημαίης ἀλαώπιδος.

V. 252.

Page 60, vers 9-10.

ἐξ ὧν ὄμματ' ἔπηξεν ἀτειρέα δῖ' Ἀφροδίτη.

V. 218.

Page 60, vers 11-20.

ὡς δ' ὅτε τις πρόοδον νοέων ὡπλίσσατο λύχνον,
χειμερίην διὰ νύκτα πυρὸς σέλας αἰθομένοιο,

ἅψας παντοίων ἀνέμων λαμπτῆρας ἀμοργούς ·
οἴτ' ἀνέμων μὲν πνεῦμα διασκιδνᾶσιν ἀέντων,
φῶς δ' ἔξω διαθρῶσκον, ὅσον ταναώτερον ἦεν,
λάμπεσκεν κατὰ βηλὸν ἀτειρέσιν ἀκτίνεσσιν ·
ὡς δὲ τότ' ἐν μήνιγξιν ἐεργμένον ὠγύγιον πῦρ
λεπτῇς εἰν ὀθόνῃσι λοχάζετο κύκλοπα κούρην ·
αἱ δ' ὕδατος μὲν βένθος ἀπέστεγον ἀμφινάοντος,
πῦρ δ' ἔξω διαθρῶσκον ὅσον ταναώτερον ἦεν,...

V. 220-229.

Page 60, vers 24.

ἐν δὲ μέρει κρατέουσι περιπλομένοιο κύκλοιο,

V. 90.

Page 61, vers 1-2.

Καὶ γὰρ καὶ πάρος ἦν τε καὶ ἔσσεται, οὐδέ ποτ' οἴω
τούτων ἀμφοτέρων κεινώσεται ἄσπετος αἰών.

V. 145-146.

Page 61, vers 3-4.

καὶ ταῦτ' ἀλλάσσοντα διαμπερὲς οὐδαμὰ λήγει,

V. 67.

Page 61, vers 4-11.

Νεῖκός τ' οὐλόμενον δίχα τῶν, ἀτάλαντον ἑκάστῳ
καὶ Φιλότης μετὰ τοῖσιν, ἴση μῆκός τε πλάτος τε ·
τὴν σὺ νόῳ δέρκευ μηδ' ὄμμασιν ἧσο τεθηπώς ·

ἥτις καὶ θνητοῖσι νομίζεται ἔμφυτος ἄρθροις,
τῇ τε φίλα φρονέουσ᾽ ἰδ᾽ ὁμοίια ἔργα τελοῦσι,
γηθοσύνην καλέοντες ἐπώνυμον ἠδ᾽ Ἀφροδίτην ·
τὴν οὔτις διὰ παντὸς ἑλισσομένην δεδάηκε
θνητὸς ἀνήρ.

V. 80-87.

Page 61, vers 13-14.

ὣς δ᾽ αὔτως ὅσα κρᾶσιν ἐπαρκέα μᾶλλον ἔασιν,
ἀλλήλοις ἔστερκται, ὁμοιωθέντ᾽ Ἀφροδίτῃ.

V. 265-266.

Page 61, vers 15.

Κύπριδος ἐν παλάμῃσιν ὅτε ξύμπρωτ᾽ ἐφύοντο.

V. 305.

Page 61, vers 16.

τόσσ᾽, ὅσα νῦν γεγάασι συναρμοσθέντ᾽ Ἀφροδίτῃ...

V. 280.

Page 62, vers 2.

σφεδανὴν φιλότητα.

V. 276.

Page 93, vers 1.

Παυσανία, σὺ δὲ κλῦθι, δαΐφρονος Ἀγχίτου υἱέ!

V. 58.

Page 93, vers 3-15.

Στεινωποὶ μὲν γὰρ παλάμαι κατὰ γυῖα κέχυνται,
πολλὰ δὲ δεῖν' ἔμπαια, τάτ' ἀμβλύνουσι μερίμνας,
παῦρον δὲ ζωῆς ἀβίου μέρος ἀθρήσαντες
ὠκύμοροι, καπνοῖο δίκην ἀρθέντες ἀπέπταν,
αὐτὸ μόνον πεισθέντες, ὅτῳ προσέκυρσεν ἕκαστος,
πάντοσ' ἐλαυνόμενοι · τὸ δ' ὅλον πᾶς εὔχεται εὑρεῖν
αὕτως · οὔτ' ἐπιδερκτὰ τάδ' ἀνδράσιν οὔτ' ἐπακουστά,
οὔτε νόῳ περιληπτά. Σὺ δ' οὖν, ἐπεὶ ὧδ' ἐλιάσθης,
πεύσεαι οὐ πλέον ἠὲ βροτείη μῆτις ὁρᾶται.

V. 36-44.

Pages 93-94, vers 17-9.

Ἀλλὰ θεοὶ τῶν μὲν μανίην ἀποτρέψατε γλώσσης,
ἐκ δ' ὁσίων στομάτων καθαρὴν ὀχετεύσατε πηγήν.
Καί σε, πολυμνήστη λευκώλενε παρθένε Μοῦσα,
ἄντομαι, ὧν θέμις ἐστὶν ἐφημερίοισιν ἀκούειν,
πέμπε παρ' Εὐσεβίης ἐλάουσ' εὐήνιον ἅρμα.
μηδὲ μέ γ' εὐδόξοιο βιήσεται ἄνθεα τιμῆς
πρὸς θνητῶν ἀνελέσθαι, ἐφ' ᾧθ' ὁσίης πλέον εἰπεῖν.
Θάρσει καὶ τότε δὴ σοφίης ἐπ' ἄκροισι θόαζε.
Ἀλλ' ἄγ' ἄθρει πάσῃ παλάμῃ, πῆ δῆλον ἕκαστον,
μηδέ τιν' ὄψιν ἔχων πιστοῦ πλέον ἢ κατὰ κούρας
ἢ ἀκοὴν ἐρίδουπον ὑπὲρ τρανώματα γλώσσης,
μηδέ τι τῶν ἄλλων, ὅππη πόρος ἐστὶ νοῆσαι ·
γυίων πίστιν ἔρυκε, νόει δ' ᾗ δῆλον ἕκαστον.

V. 45-57.

Pages 118-119, vers 17-5.

οὐδέ τις ἦν κείνοισιν Ἄρης θεὸς οὐδὲ Κυδοιμὸς·
οὐδὲ Ζεὺς βασιλεὺς οὐδὲ Κρόνος οὐδὲ Ποσειδῶν,
ἀλλὰ Κύπρις βασίλεια.
τὴν οἵγ' εὐσεβέεσσιν ἀγάλμασιν ἱλάσκοντο
γραπτοῖς τε ζώοισι μύροισί τε δαιδαλεόδμοις
σμύρνης τ' ἀκρήτου θυσίαις λιβάνου τε θυώδους,
ξουθῶν τε σπονδὰς μελίτων ῥιπτοῦντες ἐς οὖδας·
ταύρων δ' ἀκρήτοισι φόνοις οὐ δεύετο βωμός,
ἀλλὰ μύσος τοῦτ' ἔσκεν ἐν ἀνθρώποισι μέγιστον,
θυμὸν ἀποῤῥαίσαντας ἐέδμεναι ἠέα γυῖα.

V. 417-426.

Page 119, vers 6-9.

ἦσαν γὰρ κτίλα πάντα καὶ ἀνθρώποισι προσηνῆ,
φῆρές τ' οἰωνοί τε, φιλοφροσύνη τε δεδήει,
δένδρεα δ' ἐμπεδόφυλλα καὶ ἐμπεδόκαρπα τεθήλει,
καρπῶν ἀφθονίῃσι κατήρεα πάντ' ἐνιαυτόν.

V. 433-436.

Page 119, vers 10-15.

ἦν δέ τις ἐν κείνοισιν ἀνὴρ περιώσια εἰδὼς
ὃς δὴ μήκιστον πραπίδων ἐκτήσατο πλοῦτον,
παντοίων τε μάλιστα σοφῶν ἐπιήρανος ἔργων.
ὁππότε γὰρ πάσῃσιν ὀρέξαιτο πραπίδεσσιν,
ῥεῖά γε τῶν ὄντων πάντων λεύσσεσκεν ἕκαστον,
καί τε δέκ' ἀνθρώπων καί τ' εἴκοσιν αἰώνεσσιν.

V. 427-432.

10

Page 119, vers 16-17.

οὐ παύσεσθε φόνοιο δυσηχέος; οὐκ ἐσορᾶτε
ἀλλήλους δάπτοντες ἀκηδείῃσι νόοιο;

V. 440-441.

Page 119, vers 21-23.

οὐ πέλεται τοῖς μὲν θεμιτὸν τόδε, τοῖς δ᾽ ἀθέμιστον,
ἀλλὰ τὸ μὲν πάντων νόμιμον διά τ᾽ εὐρυμέδοντος
αἰθέρος ἠνεκέως τέταται διά τ᾽ ἀπλέτου αὐγῆς.

V. 437-439.

Page 119, vers 24-26.

νηστεῦσαι κακότητος.
τοιγάρτοι χαλεπῇσιν ἀλύοντες κακότησιν
οὔποτε δειλαίων ἀχέων λωφήσετε θυμόν.

V. 454-456.

Page 120, vers 2-3.

μειλιχίη τε χάρις στυγέει δύςτλητον ἀνάγκην.

V. 299.

Page 120, vers 6-7.

Οἴμοι, ὅτ᾽ οὐ πρόσθεν με διώλεσε νηλεὲς ἦμαρ,
πρὶν σχέτλι᾽ ἔργα βορᾶς περὶ χείλεσι μητίσασθαι.

V. 13-14.

Page 120, vers 8-18.

Ἔστιν ἀνάγκης χρῆμα, θεῶν ψήφισμα παλαιόν,
ἀίδιον, πλατέεσσι κατεσφρηγισμένον ὅρκοις,
εὖτέ τις ἀμπλακίῃσι φόνῳ φίλα γυῖα μιήνῃ
αὕτως ἢ ἐπίορκον ἁμαρτήσας ἐπομόσσῃ
(δαίμων οἵτε βίοιο λελόγχασι μακραίωνος),
τρίς μιν μυρίας ὥρας ἀπὸ μακάρων ἀλάλησθαι,
γεινόμενον παντοῖα διὰ χρόνου εἴδεα θνητῶν,
ἀργαλέας βιότοιο μεταλλάσσοντα κελεύθους,
ὡς καὶ ἐγὼ νῦν εἰμι φυγὰς θεόθεν καὶ ἀλήτης,
νείκεϊ μαινομένῳ πίσυνος.

V. 1-10.

Pages 120-121, vers 22-2.

ἐξ οἵης τιμῆς τε καὶ ὅσσου μήκεος ὄλβου
ὧδε τάλας λειμῶνας ἀναστρέφομαι κάτα θνητῶν.

κλαῦσά τε καὶ κώκυσα ἰδὼν ἀσυνήθεα χῶρον.

V. 15-17.

Page 121, vers 7-12.

εἰς δὲ τέλος μάντεις τε καὶ ὑμνοπόλοι καὶ ἰητροὶ
καὶ πρόμοι ἀνθρώποισιν ἐπιχθονίοισι πέλονται,
ἔνθεν ἀναβλαστοῦσι θεοὶ τιμῇσι φέριστοι,
ἀθανάτοις ἄλλοισιν ὁμέστιοι, ἔν τε τραπέζαις
εὔνιες ἀνδρείων ἀχέων, ἀπόκηροι, ἀτειρεῖς.

V. 457-461

Page 121, vers 15-17.

ὦ φίλοι, οἶδα μὲν οὖν ὅτ' ἀληθείη παρὰ μύθοις,
οὓς ἐγὼ ἐξερέω· μάλα δ' ἀργαλέη γε τέτυκται
ἀνδράσι καὶ δύσζηλος ἐπὶ φρένα πίστιος ὁρμή.

V. 411-413.

Pages 123-124, vers 20-13.

Ὦ φίλοι, οἳ μέγα ἄστυ κατὰ ξανθοῦ Ἀκράγαντος
ναίετ' ἀν' ἄκρα πόλευς, ἀγαθῶν μελεδήμονες ἔργων,
ξείνων αἰδοῖοι λιμένες, κακότητος ἄπειροι,
χαίρετ'· ἐγὼ δ' ὔμμιν θεὸς ἄμβροτος, οὐκέτι θνητὸς
πωλεῦμαι μετὰ πᾶσι τετιμένος, ὥσπερ ἔοικε,
ταινίαις τε περίστεπτος στέφεσίν τε θαλείοις.
Τοῖσιν ἅμ' εὖτ' ἂν ἵκωμαι ἐς ἄστεα τηλεθόωντα,
ἀνδράσιν ἠδὲ γυναιξὶ σεβίζομαι· οἱ δ' ἅμ' ἕπονται
μυρίοι, ἐξερέοντες ὅπη πρὸς κέρδος ἀταρπός,
οἱ μὲν μαντοσυνέων κεχρημένοι, οἱ δ' ἐπὶ νούσων
(δηρὸν δὴ χαλεπῇσι πεπαρμένοι ἀμφ' ὀδύνῃσι,)
παντοίων ἐπύθοντο κλύειν εὐηχέα βάξιν.
Ἀλλὰ τί τοῖσδ' ἐπίκειμ', ὡσεὶ μέγα χρῆμά τι πρήσσων,
εἰ θνητῶν περίειμι πολυφθορέων ἀνθρώπων;

V. 397-410.

Pages 126-127, vers 13-2.

Φάρμακα δ' ὅσσα γεγᾶσι κακῶν καὶ γήραος ἄλκαρ
πεύσῃ, ἐπεὶ μούνῳ σοι ἐγὼ κρανέω τάδε πάντα·
παύσεις δ' ἀκαμάτων ἀνέμων μένος, οἵ τ' ἐπὶ γαῖαν

ὀρνύμενοι πνοιαῖσι καταφθινύθουσιν ἄρουραν,
καὶ πάλιν, εὖτ' ἐθέλῃσθα, παλίντιτα πνεύματ' ἐπάξεις·
θήσεις δ' ἐξ ὄμβροιο κελαινοῦ καίριον αὐχμὸν
ἀνθρώποις, θήσεις δὲ καὶ ἐξ αὐχμοῖο θερείου
ῥεύματα δενδρεόθρεπτα καλὸν θέρος ἀρδεύσοντα,
ἄξεις δ' ἐξ Ἀΐδαο καταφθιμένου μένος ἀνδρός.

V. 462-470.

Page 130, vers 5-11.

.... φύσις οὐδενός ἐστιν ἁπάντων
θνητῶν, οὐδέ τις οὐλομένου θανάτοιο τελευτή,
ἀλλὰ μόνον μῖξίς τε διάλλαξίς τε μιγέντων
ἐστί, φύσις δ' ἐπὶ τοῖς ὀνομάζεται ἀνθρώποισιν.
ἐκ τοῦ γὰρ μὴ ἐόντος ἀμήχανόν ἐστι γενέσθαι,
τό τ' ἐὸν ἐξόλλυσθαι ἀνήνυστον καὶ ἄπρηκτον·
αἰεὶ γὰρ περιέσται ὅπῃ κέ τις αἰὲν ἐρείδῃ.

V. 98-104.

Pages 130-131, vers 12-10.

Οἱ δ' ὅ,τι κεν κατὰ φῶτα μιγὲν φάος αἰθέρος ἵκῃ,
ἠὲ κατ' ἀγροτέρων θηρῶν γένος ἢ κατὰ θάμνων
ἠὲ κατ' οἰωνῶν, τόγε μὲν φάσκουσι γενέσθαι·
εὖτε δ' ἀποκρινθῶσι, τὸ δ' αὖ δυσδαίμονα πότμον
ἀπρεπέως καλέουσι, νόμῳ δ' ἐπίφημι καὶ αὐτός.
Νήπιοι· οὐ γάρ σφιν δολιχόφρονές εἰσι μέριμναι,
οἳ δὴ γίγνεσθαι πάρος οὐκ ἐὸν ἐλπίζουσιν
ἤ τι καταθνήσκειν τε καὶ ἐξόλλυσθαι ἁπάντη.

Οὐκ ἂν ἀνὴρ τοιαῦτα σοφὸς φρεσὶ μαντεύσαιτο ,
ὡς ὄφρα μέν τε βιῶσι, τὸ δὴ βίοτον καλέουσι,
τόφρα μὲν οὖν εἰσιν καί σφιν πάρα δεινὰ καὶ ἐσθλά ·
πρὶν δὲ πάγεν τε βροτοὶ καὶ ἐπεὶ λύθεν οὐδὲν ἄρ' εἰσίν.

V. 108-119.

Page 131, vers 16-18.

οὐκ ἔστιν πελάσασθ' οὐδ' ὀφθαλμοῖσιν ἐφικτὸν
ἡμετέροις ἢ χερσὶ λαβεῖν, ἥπερ γε μεγίστη
πειθοῦς ἀνθρώποισιν ἀμαξιτὸς εἰς φρένα πίπτει.

V. 389-391.

Page 131, vers 20-21.

ἀλλὰ φρὴν ἱερὴ καὶ ἀθέσφατος ἔπλετο μοῦνον,
φροντίσι κόσμον ἅπαντα καταίσσουσα θοῇσιν.

V. 395-396.

Page 131, vers 24.

ὄλβιος ὃς θείων πραπίδων ἐκτήσατο πλοῦτον,

V. 387.

FIN DES NOTES.

A PARIS

DES PRESSES DE D. JOUAUST

RUE SAINT-HONORÉ, 338

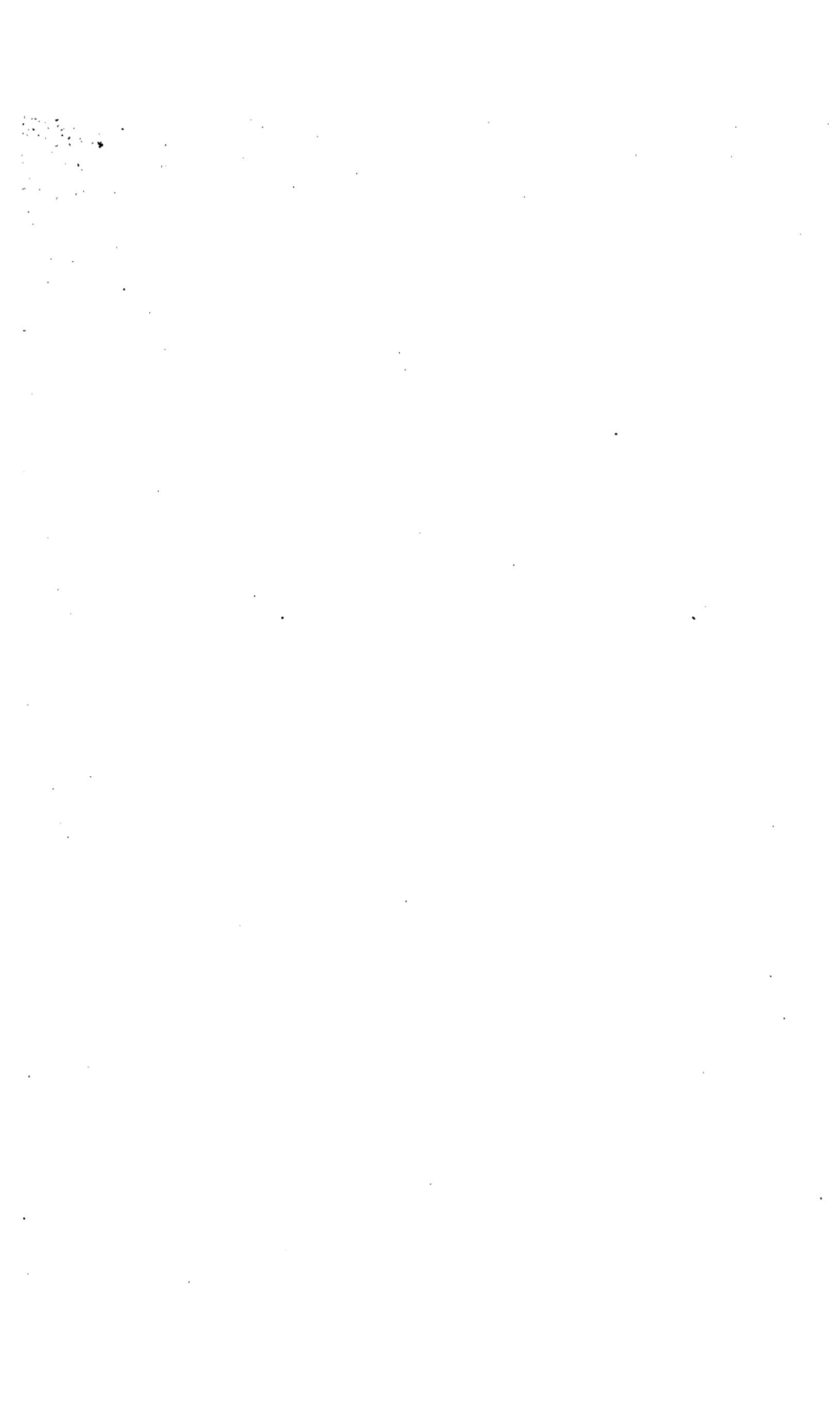

www.ingramcontent.com/pod-product-compliance
Lightning Source LLC
Chambersburg PA
CBHW060801110426

42739CB00032BA/2373